院士专家谈创新

北京市科学技术协会　编

北京理工大学出版社
BEIJING INSTITUTE OF TECHNOLOGY PRESS

图书在版编目（CIP）数据

院士专家谈创新/北京市科学技术协会编 . —北京：北京理工大学出版社，2016.8

　ISBN 978 - 7 - 5682 - 2981 - 4

　Ⅰ . ①院… 　Ⅱ . ①北… 　Ⅲ . ①企业创新 - 中国 - 文集 Ⅳ . ①F279. 23 - 53

中国版本图书馆 CIP 数据核字（2016）第 196357 号

出版发行 / 北京理工大学出版社有限责任公司
社　　　址 / 北京市海淀区中关村南大街 5 号
邮　　　编 / 100081
电　　　话 / （010）68914775（总编室）
　　　　　　（010）82562903（教材售后服务热线）
　　　　　　（010）68948351（其他图书服务热线）
网　　　址 / http：//www. bitpress. com. cn
经　　　销 / 全国各地新华书店
印　　　刷 / 保定市中画美凯印刷有限公司
开　　　本 / 710 毫米 × 1000 毫米　1/16
印　　　张 / 16. 75
彩　　　插 / 12　　　　　　　　　　　　　责任编辑 / 李慧智
字　　　数 / 157 千字　　　　　　　　　　文案编辑 / 李慧智
版　　　次 / 2016 年 8 月第 1 版　2016 年 8 月第 1 次印刷　责任校对 / 王素新
定　　　价 / 56. 00 元　　　　　　　　　　责任印制 / 王美丽

《院士专家谈创新》编委会

主　编：马　林

副主编：刘晓勘　陈维成　柳进军

编　委：尧　川　武　蕾　李海宁　王　建

杨文妍　薛冬霞　滑　毅　和书平

前　言

　　经过三十年的高速发展，中国正处在历史性的转变时期，正面临制造业大而不强、缺少核心竞争力，人口红利逐渐消失、劳动力成本不断上升，过于倚重投资驱动、环境压力增大，需求结构不平衡、居民消费能力有限等诸多矛盾。要解决当下的问题，维持长期持续健康发展，需要创新的引领与驱动。

　　中共十八大明确提出：到 2050 年，"建成富强、民主、文明、和谐的社会主义现代化国家"，其中，自然包括建成一个"现代化的创新国家"。2016 年初颁布的《国民经济和社会发展第十三个五年规划纲要》中，围绕全面建成小康社会奋斗目标，针对发展不平衡、不协调、不可持续等突出问题，强调要牢固树立和坚决贯彻创新、协调、绿色、开放、共享的发展理念，并对实施创新驱动发展战略进行重大部署。

　　创新包含四个层面：国家层面、产业层面、企业层面和个体层面。国家层面的创新包括国家创新战略、创新政策、创新协同等方面；产业层面的创新关注于如何构建出有生命力的创新体系，推动传统产业向战略新兴产业的转型、升级；企业创新是创新型国家的主体，着力解决如何打造企业主导的产学研一体化机制、提升企业创新能力，总结、提炼创新经验；个体创新需侧重于如何加大创新人才培养力度、构建创新人才评估指标体系等方面。

本书以创新为主线，邀请不同领域的院士、专家和企业家，根据所处行业和自身的研究领域，对创新进行深刻的剖析和解读。并对当下中国在多个层面的创新提供指导与建议。

在本书的编写过程中，各位专家和相关机构都给予了大力支持与帮助，在此深表谢意。尽管编委会不敢懈怠，但由于时间和能力所限，疏漏和错误之处在所难免，敬请各位读者批评指正。

编委会

2016 年 9 月

周立伟简介

周立伟，男，1932 年 9 月生，浙江诸暨人。电子光学与光电子成像专家，中国工程院院士，国家级有突出贡献中青年专家，俄罗斯联邦工程科学院外籍院士，北京理工大学教授，首席专家，博士生导师。曾任校学术委员会主任，校科学技术协会主席，校基础教育学院名誉院长，国务院学位委员会学科评议组成员，中国光学学会副理事长。现任北京光学学会名誉理事长，建设创新型国家战略推进委员会主席团成员。

长期在宽束电子光学、光电子成像领域从事教学与科学研究工作。发表学术论文、科技报告 270 余篇，学术专著、教材、译著及科普著作 10 余部。专著《宽束电子光学》荣获第二届国家图书奖提名奖、第八届中国图书奖和第七届全国优秀科技图书一等奖。研究成果曾多次荣获部级和国家级科技进步奖。

目　录

漫谈科技创新

周立伟院士

创新的核心是要有敢于质疑和批判的精神以及由此产生新的概念和创意。

前　言

创新是科学的灵魂。科学的本质就在于不断地发现、发明，不断地创新。从结绳记事到当代电脑，从钻木取火到核电站，从驯化动物到克隆技术，从对宏观低速物质运动的直观认识到量子力学对微观客体的波函数统计描述，科学一如既往地在不断创新中前进。

一部科学史，就是不断发现新现象、揭示新规律、确立新理论、创造新方法的历史。

中国面临创新的挑战。到 2020 年建成小康社会，将由"中国制造"（Manufactured by China）转向"中国创造"（Created by China），任务光荣而艰巨。

世界进入知识经济时代，"科学技术是第一生产力"，整个社会活动的重心是知识的创造性应用，其核心资源是人力资本，即需要能够创造性地解决各类问题、提高资源效率、创造社会财富的创新型人才。

"创新是一个国家、一个民族的灵魂"，我们都知道创新的重要性，但无论是科技创新，还是管理创新、协同创新、营销创新等，都需要依靠人去提出、去执行、去完成。创新者个体的思维方式、创造能力和思想水平，包括他（她）的智商和情商，都将决定创新的成败。提高创新者个体的创新思维能力已成为人才培养的核心。

本文漫谈科学技术的创新，即科技创新。

一、创新：技术创新

创新（Innovation）的名词是奥地利政治经济学家约瑟夫·熊彼特（Joseph Alois Schumpeter）于 19 世纪 20 年代首先提出的。"创新"是将原始生产要素重新排列组合为新的生产方式，以求提高效率、降低成本的一个经济过程。在熊彼特经济模型中，能够成功"创新"的人便能够摆脱利润递减的困境而生存下来，那些不能够成功地重新组合生产要素之人会最先被市场淘汰。

熊彼特认为，"创新"就是建立一种新的生产函数，也就是说，把一种从来没有过的关于生产要素和生产条件的"新组合"引入生产体系。这种新组合包括 5 种情况：

①采用一种新产品或一种产品的新特征；

②采用一种新的生产方法，引入新的生产方式、新的工艺流程；

③开辟一个新市场；

④开拓或控制原材料或半制成品的一种新的供应来源；

⑤采用新的组织、管理方式。

因此，熊彼特的"创新"实质上并不是一个技术概念，而是一个经济概念；它是把现成的技术革新引入经济组织，形成新的经济能力。

熊彼特提出的创新，被称为技术创新。其目的在于使技术与经济结合，从而阐明经济发展的规律。技术创新的含义可从以下几方面解释。

（1）技术创新不仅是一种生产活动，而且是一种经济活动，其实质是企业生产经营系统引入新的技术要素，以获得更多利润。

（2）技术创新工作大多着眼于三个层次：一是发明；二是新产品的研究开发及成果的商品化和旧产品的更新换代；三是

技术革新与改造，寻求实用。

（3）技术创新的主体是企业。

熊彼特对企业家在技术创新中的作用寄予厚望。他认为，企业家是推动经济发展的主体，创新的主动力来自企业家精神，成功的创新取决于企业家的素质。

熊彼特的创新理论，是狭义上的技术创新理论。

技术创新在经济学上的意义只是包括新产品、新过程、新系统和新装备等形式在内的技术向商业化实现的首次转化。企业的技术创新是企业家对生产要素、生产条件、生产组织进行重新组合，通过资源的再配置，再整合改进，以建立效能更好、效率更高的新生产体系，获得更大利润的过程。

二、科技创新

科学是出于人类解释世界、认识世界以及改造世界的需要而进行的探索自然世界的本质和规律的创造性活动。科学是发现，其基本形式是假说——对事实和现象进行创造性的理论解释。科学也是探索，通过求证和去伪，使假说不断趋于稳定、趋于确定、趋于真理的体系建立过程。科学的任务是追求理性真理。其特点是原创性和非功利性。

技术是指从事前人从未进行过的技术或工艺活动，即创制新的事物、首创新的制作方法。技术是发明，通过改变和创造，使事物不断变化、不断更新的过程。技术的任务是追求实用和高效，其特点是，新颖性和功利性。

目前，人们对创新的理解，大大地扩展了熊彼特的技术创新的含义。通常，人们把发现与发明看成是科技创新的两种主要形式，发现是原来自然界就"存在"的，"发现"出来；"发现"是对自然的理论阐释。发明是原来"没有"的，"发明"出来。发明是指提供新的做事方式或对某一问题提出新的技术解决方案的产品或方法。无论科学的发现或是技术的发明都需要批判和继承的精神，这一点是二者相同的。

现在我们对于创新的理解，大大扩展了熊彼特对创新的阐释。通常我们理解为："打破常规为创，前所未有为新。"或者说："无中生有为创，从有到新为新。"当然，还有各种各样的提法："创新简单地说就是利用已存在的自然资源创造新东西的一种手段。""创新是新设想（或新概念）发展到实际和成功应用的阶段。""创新是人类的创造性活动，人类自觉能动性的集中体现。"

科技创新，就是在科学技术领域，干人所未干，想人所未想，其中包括对已有成果的模仿性改造。科技创新追求的主要是事物的新概念或事物的新颖性。科学家和发明家要创新，就需要不断地改变事物，即我们需要改变（Change we need）。这个改变就是通过"加、减、乘、除"，从而产生新的事物。创新最宝贵的是原创性的发现创造或新颖性的发明成果，它需要丰富的想象力。

《国家科学技术奖励推荐书》中提出了三种类型的科技创新。

（1）基础型创新，或称原始创新。包括关于自然现象规律的新认识，关于科学理论、学说上的创见；关于原理、机理的进一步阐明；关于研究方法手段上的创新或通过基础数据的科学积累总结出的规律认识等。原始创新一般是基础研究。

（2）复合型创新，或称集成创新。指的是对已有科学技术的新组合、嫁接、移植、推广（新方法），以及新组合、新结构、新工艺、新方法、新配方、新用途等。复合创新一般是应用研究。

（3）改进型创新，是指对已有产品的改进，或者单一改进，或者综合改进。也可以是产生一个新的想法，例如企业的合理化建议活动；提出一个新的营销策略，开发一种新的采油工艺，提出一种新的质量控制方法。

技术发明就是由改变而产生新的事物、新的产品，它分为三种类型：原创型、改进型和组合型或集成型。发明和专利经商业化而被应用到市场，发明的申请导致许可证或专利，形成知识产权。

三、创造力与创新三要素

创新需要创造力（Creativity），创造力是人们根据已有的经验和知识创造性地解决问题的能力。创造力是使事物发生改变的能力（Creativity is the ability to make a change）。创造力通过改变产生新的事物（Creativity—Produce new things by changes）。

创造力是人的思维活动能力，特别是人的原创性思维和特异性思维的能力。创造力是人的自我完善的结果，也是人自我实现的基本素质。人人都有创造力，人人都有可能进行创造。

有关创造力的基本规则，不外乎以下几个方面：

Reverse：推翻、相反、颠倒；

Transfer：转移、传递、改变、变换；

Combine：组合、结合、联合。

例如，带小孩的自行车进商店可变成一辆手推车；两根棍子变为一双筷子；橡皮加到铅笔上变成能擦能写的铅笔；透镜的组合就变成望远镜、显微镜等。

开发创造力的资源和要素有：

（1）智慧：提出问题和创意（idea），重新定义问题；能认清问题，评价问题的价值，能建构和改进问题。

（2）知识：要质疑，要判断，就要有理念、有原则，故知识是从事创造性活动必备的智力资源。

（3）思维：思维是解决问题所用的方式、方法，能"异想天开"。

（4）人格：有勇气，能坚持，捍卫自己的想法。

（5）动机：内在或外在的动机，以及兴趣。

（6）环境：要有一个激发创意的环境。

创新的成效主要取决于三个要素：

（1）科学思维：思维决定出路。应针对不同的问题，选择不同的思维技巧。例如点式思维、线式思维、发散思维、逆向思维、形象思维、逻辑思维等。

（2）科学方法：方法决定成败。它是取得科技重大进步的必由之路。创新过程中方法的突破往往是产生飞跃的条件。

（3）科学工具：工具决定实力。科学工具是创新的必要保障。科学工具的创新是开展科学研究和实现发明创造的必要手段。哈勃射电望远镜的研制成功才实现了人类对宇宙的科学观察。

创新的途径，大约有以下五个方面：

（1）思维的跨越：计算机和互联网，带动了真正的科技革命。

（2）创新方式的改变：有线到无线的改变带动了系列性的变革。

（3）技术发明：原创型、改进型、组合型或集成型。

（4）关键技术的突破：相机从感光型到数码型，来自关键CCD技术的突破。

（5）工艺改革和技术革新：促进企业技术改造，生产效率的提高。

四、创新者的精神气质

关于创新能力的培养。诚然，知识、学问和经验是提出问题、创立假说的源泉，那么，为什么很多创新往往不是那些知识很多、学问很高、经验很丰富的人做出的呢？问题在于，如果缺乏善于质疑和敢于批判的精神，那么，即使知识最多、学问最高、经验最丰富，也是难于有大作为的。

科学史上每次重大创新，总是由某些杰出科学家完成最关键或最后一步的。这些科学大家到底具有哪些与众不同的精神气质，使他们能肩负历史重任，做出划时代的科学贡献。他们的创造性智能表现在什么地方？这些科学家之所以能超过前人和同时代人，并不完全在于他们的知识比别人渊博，学问比别人精深，重要的是他们具有很好的科学创新的精神气质。

创新者个体的精神气质十分重要。它包括好奇心、兴趣和进取心；批判精神和怀疑精神以及创造性思维。创新者的精神气质和创新能力是一流人才和三流人才的分水岭。高智商和高知识仅是一个人成功的必要条件，而不是充分条件。下面进一步谈谈创新者的精神气质。

（一）好奇心、兴趣和进取心

科学家的好奇心是一种探索和重新勘测世界科学图景的强烈愿望，通常表现为探索对他所注意到的、但尚无令人满意解释的事物或其相互关系的认识。他们不是消极地等待自然界"显露"其自身的奥秘，而是积极主动地提出问题，为解答问题而探索。

好奇心表现出探究一切的兴趣和勇气，怀着把世界上的事情弄个"水落石出"的动机，将自己的全部智力用来解开一个又一个"现象之谜"。物理学家李政道认为：科学家最可宝贵的是一颗好奇心，科学的过程就是不断地设问，然后主动去寻找合理的答案。

好奇心是创新意识的萌芽。爱因斯坦说过，他的科学成就来自"研究问题的神圣的好奇心"，是"一种想了解自然奥秘的抑制不住的渴望"。他说："神秘感和好奇心永远是艺术和科学天才的原动力。没有它们，人就不能探奇钩玄了。想象力和判断力是天才的灵魂，勤奋与爱心是天才的双翼。"

兴趣是最好的老师，兴趣是感情的体现，兴趣是创新思维的营养，是学习的内在因素。只有感兴趣才能自觉地、主动地、竭尽全力地去观察它、思考它、探究它，才能最大限度地发挥学习的主观能动性，容易在学习中产生新的联想，或进行知识的移植，做出新的比较，综合出新的成果。

进取心使科学工作者乐于研究新问题，敢于并乐于在科学上施展才能；敢于接受智力上的挑战，不畏惧挫折和失败，敢于在困境中坚持探索。

这三个方面是进入科学领地的人必须具备的气质。

（二）独立思想与理性怀疑

独立思想是学术界的一个价值观。要鼓励青年学人独立思考、独立思想，使他们懂得创新之艰难和不易，尊重和珍惜他人的成果。鼓励青年学人向任何类型的权威提出质疑的思想和行为，鼓励他们质疑老师、质疑自己和向现存理论及方法挑战，学会并善于质疑。只有这样，才有创新和创造性的工作，科学才能前进。

在学术上要崇尚理性怀疑。理性怀疑是指科学不承认绝对的权威和永恒的真理，可以对科学问题进行自由的质疑和批判。理性怀疑促使科学工作者时常对经验证据（自己的或他人的）进行先行的检验，不受经验数据的自我欺骗和被动欺骗。对科学研究来说，怀疑大概是通向成功最初的第一步。

（三）批判和质疑精神

批判精神就是在新的经验事实面前，不受传统科学观念和理论的束缚，敢于合理地对陈旧理论进行质疑，向传统科学的过时观念挑战。质疑精神即敢闯"禁区"，不迷信前人，尊敬权威，但不迷信权威；要敢于质疑权威，敢于独辟蹊径，走前人没有走过的路，勇敢地面对逆境，在各种风浪和考验面前充满自信心。

在科技史上，只有敢于冲破旧传统的束缚，敢闯科学"禁区"的人，才可能做出开拓性的成就。控制论、摩尔根学派等在苏联和东欧曾被当作伪科学大受鞭挞、非难与攻击，维纳等人依然继续把他们的创新思想推向前进。

探索源于"疑"，质疑是探索的起点，质疑是创新行为的举措，不断质疑而释疑，就是创新的过程。"不愿质疑权威"是中国青年学人科学研究中的最大弱点。这里，权威泛指前人、长者、老师和书本。我们研究生的论文大都是跟着别人的脚步走，而大都所谓"创新"，乃是对前人有一点"修正""补充""改进"，十分满足于自己的结果与权威一致；不敢提（不愿提，还是提不出！）自己的创造、自己的思想、自己的创见、自己的概念、自己的方法、自己的定义，等等。直到现在，中国科学界依然推崇"经验和正宗"的原则，而缺少冒险性的改革和探索。

五、创造性思维

科学的本质在于创新，创新离不开想象力。爱因斯坦说：想象力比知识更重要。与想象力密切相关的是创造性思维能力。要创新就必须具有创造性思维能力。思想观念创新，有赖于创造性思维的激发，要善于借新眼光观察问题，从新角度提出问题，以新思路分析问题，用新办法解决问题。

创造性思维表现为善于摆脱逻辑思维的束缚，借助直觉洞察研究方向和选择课题；善于打破思维定式，诱发灵感捕捉机遇；善于摒弃已有认识模式，运用想象标新立异；善于转换思路，对问题进行发散思维，特别是逆向思考；善于对事物进行联想和类比，从中启迪思想。善于在极不相同的事物间发现共同点，在极为相似的事物间寻求不同点；善于在事物的多样性中寻求高层次的和谐与统一；善于综合运用各种方法处理问题，等等。

创造性思维大概有 5 种形式：

（1）横向思维：与传统的直线性的思维不同，横向思维时刻在探讨和寻找更新、更好的解题思路。例如，纵向思维是要把一口井继续挖深，横向思维则是要试试其他位置。

（2）求异思维：相对于常规思维，其思维活动不受任何框架、模式的约束，从而突破传统观念和习惯势力的禁锢，从新的角度和方法考察问题。

（3）发散思维：也称开放式思维，思维沿着各种不同的方向思考，寻求解决方案。

（4）想象思维：想象可能从梦境或梦幻中来，所产生的各种思想和图像，有可能生成解决某一现实难题的创意胚胎。如爱因斯坦在相对论中设想的"火车实验""升降机实验"等思想实验。

（5）直觉思维：相对于逻辑思维而言，直觉思维指不经过逐步分析而迅速做出合理猜测或突然顿悟。

六、创新型人才：素质和特点

成为一个创新型人才，大概需要具备以下六个方面的素质：

一是坚定的自信心：坚信自己的研究和目标是有科学依据的、一定能实现的。

二是强烈的创新愿望：善于质疑，从似乎无关的事物和现象中发现问题、提出问题。

三是深厚的理论基础：学习要深透，基础要扎实，才有举一反三、解决问题的能力。

四是良好的分析能力：能从众多复杂的因素中找出最关键

的因素。

五是正确的研究方法：能寻找最适合的科学研究的途径，特别是假说和方案。

六是坚强的心理素质：有强大的心理承受能力，有坚忍不拔的意志能够承受失败、挫折的考验。

一般说来，成功的创新者具有以下特点：

他们使用突破常规的思维方式，愿意背离传统惯例；

他们覃思苦虑，发现新现象、发明新方法；

他们具有坚定信念，而对不确定的因素有冒险精神；

他们探究新的、不同的方法，拓展新的领域；

他们愿意从事充满挑战的事业，让"梦想"变为现实；

他们孜孜不倦地追求完美，对未知领域进行深入研究；

他们不断寻找更多可供选择的方法；

他们质疑现有方法，愿意尝试一切；

他们有积极的自我认识，百折不挠，充满好奇；

他们在非常艰苦的条件下完成工作，克服重重困难。

有了能力、个性、驱动力和冒险精神，大部分人都能够对社会做出贡献，甚至重大贡献。是否成为名家，是另一问题。如果认识到自己的创造性智能和潜力，朝这个方向努力，很多人能够取得杰出成就。

成功的创新者之所以有成就首先在于勤奋和专注、对自己所从事领域的专业知识的深刻理解以及具有识别（常人通常忽略）异常事物的能力，他们的思想受到了高度的激发，能够长时间地专注在问题或想法上。其次是毅力和耐心。"锲而不舍，金石可镂"是成功的创新者最需要的个人品质，而非凡的成就是奉献和汗水的结果。

七、激发创意（Idea）的途径

要创新，就要激发出创意（Idea），也就是出思想、出点子，大概有以下途径。

（1）随时捕捉创意。创意为一缕若有似无的轻烟，随时随地都会出现，转瞬即逝，善于随时捕捉各种灵感和思想火花，并立刻记下来，深思熟虑后加以发扬或抛弃。

（2）留意先进的东西和进步的思想，也许会有引导和启发。善于发现生活和工作中的疑难和不便，促使发明新东西改变现状，因为问题是发现之母。

（3）尝试改变既有模式，勇于吸收新思想。依循固定模式已被证明了无创意，必须改变。

（4）和有思想的人或有强烈创造欲望的人一起工作和讨论，适度的放松是有必要的，可能受别人的感染，会有发明的欲望，萌发新的创意。

（5）收集资讯激发创意。多看看已有的发明专利，查阅资料看看别人的想法，汲取其精华，经过思考也许能产生新的创意。

八、创新与教育

创造性思维需要从小培育，要改变灌输的教育模式。中国的教育受传统文化的影响，不敢犯上，学生不敢质疑老师，挑战前人，习惯于服从师长和领导的权威。

国外重在培养学生的创新精神和独立思考能力。而中国的教育恰恰在这两个方面极为薄弱。中国青少年学生重背诵、重记忆，重书本和课堂的知识，重考试；轻阅读课外读物，轻扩展知识面，轻思考。

中国学生的考试成绩在世界上名列前茅。2009 年，65 个国家 15 岁学生统考，上海 5 000 名学生参加考试，名列第一（阅读、数学和科学三课）。中国孩子的计算能力排名世界第一，想象力却排名倒数第一，创造力排名倒数第五。

想象力差、创造力低，正是中国教育的缺陷所致。我们的教育，从小学开始，只准知道给定的答案，只能回答给定的答案，只准死记硬背上面的标准答案，不准自己另寻答案。这样的结果必然是鼓励死记硬背。到了大学，思想依然不活跃，不同的思想常被视为异端，经常讲的是统一思想，而不提倡培养想象力。实际，对于科学，统一思想的要求是很荒谬的，思想要多元化才好，百花齐放、百家争鸣才好，想象力越丰富越好，甚至鼓励"胡思乱想"，这样才能成为一个创新的社会。如果我们的学术氛围，不能有与众不同的想法，不鼓励有异常的想象力，对创造力无异是一种扼杀和谋杀。

从心理学和生物学的角度说，长期固守一种模式，必然导致思维僵化，头脑简单。最终形成一种固定的思维模式——听话。思想深处认为，有别的思维是危险的。处处要与现行潮流的思想一致，就像条件反射一样，长期固守在自己的脑海里，除此之外，没有别的思维。

这种教育方式的最终结果，必然是培养一批只知死读书、读死书的头脑僵化机械的书虫，而不是可以应对任何复杂环境和形势的可造就之才。

九、创新：存在的问题

当前，科技创新中依然存在以下问题：

（1）跟踪、模仿依然是我国一些科技活动的主流，一提出问题，就问国外解决没有，解决途径是什么；缺乏自己的科学思想。

（2）科学方法意识淡薄，没有形成自己的方法体系。

（3）科技创新需要先进的工具和仪器，但受制于人。"科技要发展，测量须先行"。先进的仪器设备的匮乏，更缺乏的是具有自主知识产权的仪器设备。

（4）创新政策环境尚待完善。创新投入不足，人才激励措施不完善，科技成果评价方法有待改进。

十、创新：多多学习大师们创新的奥秘

（一）精于提出富有价值的新问题

阿基米德原理的发现始于金冠问题，避雷针的发明始于富兰克林研究的雷电问题，拉瓦锡对氧气的发现始于燃烧问题，非欧几何的创立始于欧氏第五公设问题，德布罗意物质波的发现始于光是什么的问题，DNA 双螺旋结构的发现始于生命是什么的问题，袁隆平发明籼型杂交水稻始于水稻杂种优势问题。

（二）善于创造解决问题的新方法

法拉第为了找到磁生电的方法，探索了 10 年，才找到了用磁铁切割线圈的磁生电的正确方法。赫兹设计制造出精密的实验设备，证实麦克斯韦预言的电磁波存在。克鲁克斯制造出对阴极射线进行研究的高真空无辉光放电管，找到了电子，发现了 X 射线，打开了微观世界的大门。

（三）乐于将生命投入到有价值的事物中去

居里夫人经过 3 年又 9 个月的提炼从 400 吨矿石残渣、800 吨水中分离出微量（一分克）氯化镭，测得镭原子量为 225。诺贝尔奖获得者伍尔哈德女士研究了 2 万只果蝇的变化，每天都重复着非常枯燥乏味的工作，最后找出了变化规律。她们俩志向远大，有毅力和恒心，才做出了伟大的成就。

（四）勇于进行自我批评以及严格尊重事实

美国物理学者罗伯特·密立根不同意而且怀疑爱因斯坦于 1905 年提出的光电效应的理论。他因此花费约 10 年时间做实验研究光电效应，最后证实了爱因斯坦的理论正确无误。密立根因为"关于基本电荷以及光电效应的工作"获 1923 年诺贝尔物理学奖。

十一、创新：态度最重要

研究创造的过程中，要努力创新，有所发明、有所创造、有所前进。也要不怕失败。"失败是成功之母"，爱迪生失败了 10 000 次，但他将其看作成功地发现了 10 000 种行不通的方法。

这就是他对发明创造的态度。重要的是，在研究的过程中，要记录下每次失败的结果，作为走向成功的经验。

搞科学研究或发明创造，什么最重要？态度最重要。在创造发明的过程中，最重要的是，持积极乐观的态度、永不放弃的态度、持之以恒的态度、善于学习的态度。因为科学研究和发明创造不可能一次成功，必然要经历无数的失败，才能成功。乐观者、坚持者会将失败看成经验的积累和自我的完善过程，永远不会放弃。悲观者的态度比较消极，怨天尤人，觉得没有希望，不会成功，以至于中途放弃。

结　束　语

我国不少科技人员只懂得前人曾经做过的事情，他们的知识和能力只被用来解决前人已经解决过的问题，他们的工作对于后人并未提供比前人提供给他们的基础更高的起点；他们按上级和书本的指示循规蹈矩地进行工作，拘泥于先例与指示，不敢有所发明，有所前进，有所创新，他们缺乏的是自信心和奋斗的精神，这样的人委实太多了。创新对于他们，非不能也，乃不为也，这是令人诧异和叹惜的。

创新并不是专家学者们的专利，而是人类前进永不止步的**探索。对于创新，重要的是提高自己的素质。我的看法是："别**

把创新看得那么简单，如果你不注意提高自己的素质；也别把创新看得那么复杂，如果你已经具备较高的素质。"实际，受过高等教育的人，如果不是自卑或者自暴自弃的话，只要努力，都可以有所发现，有所发明，有所创造，在创新的道路上取得成功。

20世纪50年代新中国培养起来的一代青年，具有远大的理想，以祖国的需要作为自己的志愿，他们没有辜负人民的期望。现在，这一代人（包括我在内）老了，不可避免地要退出历史舞台。历史的重任将落到新一代跨世纪新人的身上。当代青年学人应该成为远大理想、执着信念的一代，勤奋学习、刻苦钻研的一代，过硬本领、脚踏实地的一代，德才兼备、求实创新的一代，在振兴中华的实践中，在创新的道路上，放射出更加夺目的时代光芒。

黄瑞松院士在航天型号研制中的科技创新

韩继方

中国航天从 1956 年创建以来，已历春秋六十载。"始作也简，将毕也巨"。中国航天在一穷二白的境况下起家，从无到有、从小到大，走出了一条独具特色的发展道路，在中国科技领域中独树一帜。仅短短六十年，就取得了举世瞩目的成就，成为公认的"国家名片"，屹立于世界航天大国之林。习近平总书记提出"发展航天事业，建设航天强国，是我们不懈追求的航天梦"，将"航天梦"定位于"强国梦"的重要组成部分。国务院决定，从 2016 年 4 月 24 日起将每年这一天设立为"中国航天日"，这既是对中国航天事业的充分肯定，也是对未来发展的深切寄望。

世界著名科普作家阿西莫夫说过"创新是科学房屋的生命力"。中国航天事业之所以取得辉煌成就，与科技创新的引领作用密不可分。航天科学家、导弹总设计师黄瑞松院士在从事航天型号研制近五十年的历程中，身体力行，和科技创新结下了不解之缘。由于航天型号研制是一项复杂的系统工程，那么在这样特殊的科技实践活动中，创新究竟发挥着怎样的魅力？和其他领域的创新有什么不同？我们又能获得哪些启示？

从黄瑞松院士身上，我们或许可以管窥一二。

一、自主创新才是出路

可以毫不夸张地说，中国十多年就搞出"两弹一星"，最大的法宝就是自主创新。航天领域一直是大国博弈的重点，也是在技术制高点上争夺的重点。这样的高技术是花多少钱也买不来的，靠的是我们独立自主、自力更生的奋发精神。这个结论是历史道路的深刻总结，因为在曲折前进的道路上，曾出现过一些动摇，比如"强国弹"的研制。

20 世纪 90 年代中期，某敌对势力研制装备了一种中程反舰导弹，这种导弹射程较大，飞行速度更快，抗干扰能力更强，战斗部为半穿甲型，对我海防造成了直接威胁。据此，海军提出要以最快的速度研制一型中远射程的舰舰导弹。鉴于这型导弹特殊的军事背景，肩负着强大国防、捍卫祖国安全的重要使命，因此被誉为"强国弹"。黄瑞松担任总指挥。

"强国弹"装载的是一种新型的小涡喷发动机，中国航天三院在没有国家拨款的情况下自筹经费研制，花了 10 年时间才研制出来。装载到"强国弹"上，在某导弹靶场第一次飞行试验时，导弹发射没多久，就好像被一把大锤猛地锤了一下，一猛子扎进了海里。

经过故障排查，是发动机没有点火所致，找到原因后对发动机进行了改进。半年后的 5 月份，"强国弹"再次进场，不负众望，自控弹首次飞行成功。但是，在接下来的试验中，再次发生导弹发射后入水，又是发动机的问题！

当时大家对"强国弹"都急于求成。一方面是因为"强国弹"本身肩负着捍卫祖国统一的神圣使命，而另一方面是参加这个型号的人，包括中国航天三院、海军代表室有不少老同志，马上面临退休。谁不想在退休之前了了这个夙愿，给自己的事业画上一个圆满句号，在自己人生中写下辉煌一笔啊！第一发发射成功后海军说看来是成功了，院里还派了《海鹰报》的记者前往基地进行专题采访，准备推出系列捷报了。然而，往往期望越大失望就越大。期望与失望的强烈反差，就让大家都失去了耐性，也失去了平静，对动力技术研究所的发动机失去了信心。试验队领导小组开了会，初步意见是，"强国弹"不再装航天三院研制的发动机了，改从国外购置发动机。

作为总指挥，黄瑞松当时的压力是非常大的。院里各方意见也出现了较大分歧，在决策会议上，主张弃用自研发动机的不在少数。但黄瑞松努力做工作，坚持使用国产发动机，最终，会议决定还是再给他们一次机会。

黄瑞松回到靶场，很快召集各单位代表开了一个会，说队伍先撤回去，等查找到发动机的问题并解决后，再继续后面的飞行试验。一个同志不满地说："这不合适吧？这么大支队伍，总不能陪着一家受罪呀，'强国弹'是国家急需，我们应该尽快拿出导弹才是最重要的，其他都是次要的！该舍就必须得舍，没有舍就没有得！"他话音刚落，另有几位也随声附和了起来，尤其是军方的代表也赞同换装进口发动机。会议气氛顿时变得有些尴尬。

黄瑞松沉默了片刻，诚恳却又语重心长地说："大家的心情我都能理解。目前发动机是出现了一些问题，但搞一个新的东西，出点这样或那样的问题都很正常，哪有一帆风顺的坦途呢！动力技术研究所的同志们已经做了很多工作，总体上看，发动机不是已经取得了很大的成绩嘛，大家要看到好的方面。咱们再给他们点儿时间，我相信他们能解决的。我们的发动机走到今天这一步，已经很不容易了，不能就此放弃呀。去原厂买，表面上看是能解决急需，但时间长了怎么办？近几年我们买的一些装备在维修保养上就受制于人，这是因为核心技术不在我们手里。我们要增强研制能力，我们的军队要增强国防实力，靠买高端、核心技术肯定是不行的，富国强军必须坚定地走自主创新的路子，否则我们就永远是二、三流国家，二、三流装备，武器装备与别人碰撞不起的！"

听了黄瑞松的这一席话，刚才反对的几位才不说话了，默默低下了头。看到大家被国产发动机打击得情绪低落，他倡议大家合唱一首《团结就是力量》，并且亲自站在前面指挥。他通过各种方式，鼓舞队伍士气，提振大家对于自主研制发动机的信心。

在接下来的多次试验中，中国航天三院自主研制的发动机又多次出现故障，但研制队伍坚持不抛弃、不放弃，攻克了一个个难关，解决了一个个瓶颈。黄瑞松在一次质量问题分析大会上说："其实，型号研制工作，尤其是这种技术创新的航天系统工程，总是困难和顺利共生，挫折和成功伴存。有的时候失败的教训比成功的经验更重要，因为它告诉你此路不通！重要的是任何时候都要保持冷静、清醒的头脑，更多地思考，找出不足，这对研制工作更有价值。"

终于，经过浴火重生的"强国弹"研制团队于1998年6月吹响了进军的号角。在这次试验中连续打了3发，3发3中！

"强国弹"以其优异的战绩，很快批量装备部队，成为中国海军水面舰艇的主战装备，得到了胡锦涛主席、军委曹刚川副主席等多位首长的高度评价。2001年，荣获国防科技进步一等奖；2002年，荣获国家科技进步一等奖。

1999年建国50周年大阅兵时，由"强国弹"组成的方队威武地通过了天安门广场，接受了祖国和人民的检阅。在观礼台上，身材高大挺拔、满头银丝的黄瑞松，心情特别激动，也特别欣慰。

图1为"强国弹"发射，图2为燃放鞭炮庆祝飞行试验成功，图3为"强国弹"系列导弹。

图1 "强国弹"发射

图2 燃放鞭炮庆祝飞行试验成功

图3 "强国弹"系列导弹

二、路径设计是科技创新的重点和难点

1974年1月，越南海军军舰开到西沙海域向中国武力挑战。越南首先开炮，中国海军奋起还击，著名的中越西沙海战爆发了。经过我海军的英勇战斗，本次海战以中国胜利而结束。事实上，本次投入海战的双方在武器上实力悬殊，中国海军的武器装备大大落后于越南军队的美制装备。越南军队4艘舰艇总吨位近6 000吨，中国海军4艘舰艇总吨位才1 700吨；越南海军舰炮大、数量多，中国海军舰炮小、数量少。中国海军虽然赢得了战斗，但战况打得十分惨烈，在最危急时刻，战士们抱定以身殉国的决心，驾驶着已经快沉没的小舰艇奋不顾身地撞向敌方的大舰，然后以手榴弹、火箭筒与冲锋枪和越南的坚船利炮相抗，做殊死搏斗。

黄瑞松是在一个露天广场上听到从西沙前线回来的海军战士所做的英雄事迹报告的。几千人的广场上鸦雀无声，大家聚精会神地听着，为海军战士的英雄事迹报以热烈的掌声。黄瑞松受到了极大的震动，更是浮想联翩。一方面，他为海军战士的奋不顾身、顽强战斗并最终取得胜利而感到自豪；另一方面，像他这样研制海防导弹的科技人员，又为未能给海军提供先进的导弹武器打击敌人而感到惭愧。黄瑞松后来回忆起这次听报告的事，感叹地说："当时坐在下面头都抬不起来。如果那时我们的空舰导弹研制出来了，这仗就不会是这么一个打法了。'西沙之战'鞭策着我们要抓紧研制空舰导弹。"

中国的空舰导弹其实早就起步了，初步思路是在岸舰导弹"海鹰二号"基础上研制空舰导弹，型号名称为"风雷一号"。但是，由于"文化大革命"的冲击，"风雷一号"的大量总体技术协调问题无法落实，科研和试验经费大幅减少，对外协作计划也是一拖再拖，研制工作处于半停顿状态。尤其是"轰六丁"飞机停止研制后，"风雷一号"的研制被迫下马。

西沙海战后，南中国海表面上趋于平静，但暗流涌动。军方清醒地认识到，一旦南海有事，需要有快速反应的空中支援来打击来犯之敌，因为如果等海军的军舰开过去，速度就太慢了。战机携带的武器只有火箭弹和炸弹，射程近，杀伤威力小，对海攻击手段非常有限，急需一种远射程的精确制导武器配合攻击机和轰炸机才能在最短的时间、以最精确的火力、形成更大的毁伤力，有效控制局势。符合攻击机和轰炸机装备的这种远射程制导武器，只能是空舰导弹。于是，空舰导弹的命运赢来了新的转机，研制得以重启，新的空舰导弹命名为"鹰击六号"，黄瑞松担任副总设计师。

为了确保导弹攻击优势，就要在岸舰导弹"海鹰二号"基础上增加导弹射程。有两种方案能达到这一目的：一是增大导弹体积，装更多的导弹燃料，从而实现飞行更长的距离。这一方案的缺点也很明显，体积增大后必然增加战机的载荷，速度慢，作战机动性差，过重的起飞质量对飞机和人员都会造成更大的安全风险。二是导弹体积不变，在导弹未点火前就将导弹投下，利用飞机的惯性和导弹自身的重力加速度"让导弹飞一会儿"，然后再点火。这一方案的缺点也很明显，没有动力的导弹在复杂的空域条件下很难控制其航迹（类似于对失去动力的汽车很难控制其方向一样）。

黄瑞松等经过充分论证，决定选择方案二。方案二和方案一比较起来，更需要本质上创新，因而也更困难。无动力下滑阶段及从下滑转入平飞的制导与控制，是黄瑞松碰到的头一个难题。他认为，其难点在于导弹从战机上脱钩后，由于惯性速度加上重力加速度，导弹会很快加速至跨声速阶段。由于"海鹰二号"是亚声速的，气动外形只能适应亚声速飞行，一旦到跨声速，其气动性能就会变坏，就更难控制，所以既要利用无动力下滑让导弹飞得更远，还要控制其不能飞得太快。除此之外，"海鹰二号"平飞高度为低空与超低空飞行，为了提高"鹰击六号"的生存和突防能力，要求平飞高度进一步降低，这样进一步提高了下滑控制的技术难度。当时，在这些方面也没有任何参考资料。

黄瑞松带领高庆芬、张志高等人积极开动脑筋，提出了"程序俯仰角加高度制导控制"方案。在下滑段，当导弹飞行时的俯仰角与程序俯仰角出现偏差时，由俯仰自由陀螺发出信号，操纵升降舵偏转，使其回归正确轨迹；在改平段，用高度程序引导导弹进入平飞，而当导弹实际飞行高度与规定的高度有偏差时，同样由操纵舵面使其回归。

看似简单的一句话，却涉及极其复杂的弹道计算和验证。当时中国航天三院所在的云岗地区只有某单位有一台乌拉尔计算机，性能很差，每秒运算速度为几千次，像空舰导弹的飞行弹道这么复杂的计算，它根本算不了。能承担这一计算任务的计算机全国只有两台，一台在中国科学院，而另一台在中国航天二院，称为104型计算机。由于云岗地处偏远，去中国航天二院所在的永定路地区需要倒好几趟车，而且每次计算都排在晚上，因为有很多单位在排队。他们的计算任务只能给排在晚上，因为他们的计算题算一次就得算整整一宿。于是，一次算一两个小时的"散户"都排在了白天，他们的都排在了晚上，经常通宵达旦地在航天二院计算机室工作。一晚只能算一条弹道。前前后后"鹰击六号"总共计算了上千条弹道。最终通过"革命性"的创新设计，很好地解决了导弹飞行控制问题。

1982年6月19日是个值得纪念的日子。在壮阔的海面上，海天一色，在朦胧的晨曦中，鲜红的太阳从遥远的海面上慢慢升起，绚丽的朝霞又唤醒了自强不息的一天。"轰六丁"轰炸机英气勃勃地起飞，飞到了渤海锦西附近上空，飞行员有条不紊地启动了目标搜索，很快截获了目标。此时，战机飞行高度在2 000米左右，飞行员按下了发射按钮。导弹从战机上脱落，以优美的姿态向下稳稳地滑翔，当滑翔到800米左右高度的时候，导弹自动点火成功。天际间划过一道绚丽的闪光，空中传来澎湃而低沉的发动机怒吼声。导弹继续下滑，到100米高度转为平飞，呼啸着进行超低空飞行，将平静的海面激出一片细碎的波纹。在到达预定航程后，弹上末制导雷达开机自动搜索，不到2秒即捕获到了海上的靶标，监测末制导雷达的仪器听到了嘟嘟的搜索雷达信号变成了急促上升的呼啸声，弹上自动驾驶仪随即按制导规律控制导弹飞向目标，直接命中靶船，在海面炸起了200米高的冲天水柱！本来聚集在海岸上鸦雀无声紧张地注视着试验海区的试验人员，全部如同爆炸一样猛然跳起欢呼，狂喜的人们将帽子、毛巾、衣服、本子等手头上的东西抛向空中……

1984年"鹰击六号"完成定型飞行试验，并批量装备部队，标志着新中国 35 年没有空舰导弹历史的终结。1987 年，"鹰击六号"荣获国家科技进步一等奖。

图 4 为研究"鹰击六号"导弹设计方案，图 5 为"鹰击六号"导弹总装车间，图 6 为"鹰击六号"导弹机载飞行试验，图 7 为装载"鹰击六号"的战机翱翔蓝天。

图 4　研究"鹰击六号"导弹设计方案

图 5　"鹰击六号"导弹总装车间

图 6 "鹰击六号"导弹机载飞行试验

图 7 装载"鹰击六号"的战机翱翔蓝天

三、科技创新要瞄准世界一流

1991 年，在巴黎航展上，一种橘黄色的超声速导弹在航展上英姿飒爽地亮相，立即吸引了全世界的眼球。西方媒体竞相报道，盛赞这种导弹为"领袖群伦"，在航展上引起轰动。这正是中国自主研制的C101导弹。C101导弹飞行速度已经不能用"迅雷不及掩耳"来形容了。迅雷不及掩耳意思是雷声来得非常快，连捂耳朵都来不及，比喻来得非常迅猛而不及防备。这个词充分地体现出了"声速"是很快的，而C101导弹的速度比"迅雷"还要快一倍达到了2倍声速，可想而知其速度有多快了！C101导弹的超声速再加上超低空掠海飞行，突防能力迅猛绝伦，让对方防无可防、躲无处躲。如果末制导雷达距目标7千米开机，对方的反应时间只有10秒，而当时比较先进的电子对抗系统最快反应时间要11秒以上，只能眼睁睁挨打。

在这盛誉的背后，是黄瑞松带队二十多年的艰难探索，是一条崎岖险峻的泥泞之路。

在20世纪五六十年代，中国航天单位就产生了发展超声速反舰导弹的念头，同时认为冲压发动机是超声速导弹最理想的动力装置。在1957年，钱学森就指示梁守槃、刘兴洲等人开展冲压发动机的论证和研制。这不能不说是一种高瞻远瞩。事实上，欧美等国家到了20世纪80年代才提出利用冲压发动机装配低空超声速导弹的计划。

1970年初，超声速反舰导弹"鹰击一号"正式立项。正在军垦农场劳动的黄瑞松突然接到单位通知，要求立即结束下放锻炼回单位接受新的任务。黄瑞松虽然并不知道具体是什么任务，但这个消息让他非常激动，因为又能从事导弹事业了。他立即收拾行囊返回北京，开始了 25 年的"鹰击一号"研制，历任主管设计师、总体副主任设计师、副总设计师。

超声速导弹最大的难点是动力系统和制导控制系统。这两种高技术在世界范围内都尚处于探索阶段，中国没有经验可借鉴，只能自主创新。

液体火箭发动机和固体火箭发动机都不是超声速飞航导弹的最佳选择，它们都需要自带氧化剂支持燃烧。吸气式发动机更适用于超声速反舰导弹，因为它用的是空气中的氧气。吸气式发动机主要有两种：一种是涡轮发动机，包括涡喷、涡扇发动机两种。这种发动机的优点是比冲高，缺点是结构复杂、造价昂贵，而且当飞行速度达到 2 个马赫数时，就基本上达到涡轮转速的极限，应力、烧蚀等因素对发动机产生不利影响。另一种是冲压发动机，优点是比冲高、结构简单、重量轻、成本低，比较适合马赫数大于 2 的飞行器。这种速度下的冲压发动机的性能会显著超过涡轮发动机。

冲压发动机的结构简单，但技术却很复杂，难度很大，需要复杂的地面试验设施来保障试验，才能开展研制。在当时的条件下搞冲压发动机难度是显而易见的，反对的人非常多。要知道，在当时的中国连个拖拉机都是高科技，中国航天三院总共才配发了一台老式吉普车，这个时候搞冲压发动机近乎痴人说梦。反对的人说："苏联和美国都没有，凭三院的条件要搞，岂不是癞蛤蟆想吃天鹅肉吗?"对此,梁守槃幽默地说:"穆罕默德并没有说过要造汽车,而伊斯兰教徒不是照样造汽车、坐汽车吗?"

由于技术过于超前,技术太新,且地面试验设施不配套,冲压发动机及"鹰击一号"研制过程中,确实遇到了太多挫折。在回顾这段经历时,黄瑞松仍然深有感触地说:"这个型号之所以这么曲折,搞了二十多年,前前后后一共打了几十发弹,最主要的原因是技术太超前、起点太高了,没有技术储备,总体与分系统同时起步,那个时候我们的认识和基础条件都达不到!基础差到什么地步?没有设计规范,没有设计准则,试验条件更加奇缺,简直就是一张白纸。飞行试验时基本上是成一发、败一发,再成一发、败一发,就这么走下来的,太艰辛了。因为地面试验条件严重缺乏,问题发现不了,只能靠上天去试,这还用说吗,失败是不可避免的,失败了我们靠认真分析查找问题,改进后再上天,成功了,但又出现了新的问题,再掉下来,再改进,摸着石头过河……"创新,哪有那么简单?

"鹰击一号"的发动机布局是"扁担式"的,2台发动机左右侧对称并列于弹体两侧,2台固体助推器并联于弹侧。在刚开始试验的几年,遇到了严重的推阻不匹配问题。原因主要是两点:一是全弹的阻力偏大,如结构设计上有缺陷,弹体表面外凸物和凹坑偏多,在超声速飞行过程中造成了较大阻力,增加了动力系统的负担;二是发动机推力偏小。前者是次要矛盾,后者是主要矛盾，相互关联，都得动手术。负责总体和制导控制系统的黄瑞松，组织大家采取了优化弹体结构设计的措施。组织相关人员多次到航空系统单位、航天二院等深入调研，了解到了超声速飞机和地空导弹外凸物吹风的情况，拿到了相关数据，再和"鹰击一号"外凸物吹风数据比对和印证，逐步改进。

但这并没有本质性的改善，其实在最初黄瑞松就提出发动机推力不足的疑点，但研制发动机的相关领导认为没问题，为此年轻气盛的黄瑞松还和该所领导发生了激烈的争执。出现严重推阻不匹配后，总体设计部黄瑞松、周志宗、罗桂泉，动力技术研究所刘兴洲、吴达章等人采取了类推法、拟合法等方法，经过反复计算和分析，认为离最终推力还差3%。在此基础上建议将发动机直径从原来的320mm增加到360mm。于是，中途换将，只得重新研制大直径发动机。

黄瑞松虽然不是发动机专业的，但作为总体方面的负责人，在冲压发动机研制过程中，他有机会深入学习和了解这种先进的发动机。只要一有时间，他就会利用各种机会学习扩大自己的知识面，而且对出故障的地方，他的学习兴趣会更加浓厚。他曾经说："我习惯到第一线去，特别是有故障的地方，我肯定会在现场，（那儿）是最长知识的地方。一帆风顺好，但长知识不多，坎坷才能增长知识，哪里有困难哪里去。"正是他的这种好学精神，才使他对冲压发动机这种跨专业、全新的技术有了深入的了解和独到见解。后来，尤其是担任"鹰击一号"副总设计师后，不可避免地要在总体层面参与发动机领域的工作，在此过程中他提出来的一些思想和观点，是独到而富有建设性的。对此，黄瑞松曾经的同事、《"鹰击一号"超声速反舰导弹武器系统》一书的副主编周志宗回忆说："发动机这一块，黄瑞松刚开始在业务方面并不是很清楚，但他业务能力很强。他有一个特点，就是能把别人的成果资料消化后融到自己的知识中去，化为自己的，再在此基础上进行发挥。搞的工作比较深入，也会跟人打交道。后来，他的业务方面已经不限于制导控制系统了。他很会学习，很会总结提高，扩大知识面，在发动机、火控、结构等方面，都能发表很有见解的意见，基本掌握了这些知识。尤其是，他能很好地应用到飞航导弹上，知道在弹上怎么发挥出最大效果。"

当发动机问题解决后，接下来的关键问题——制导控制，就横亘在了黄瑞松的面前。"鹰击一号"飞行时，导弹的气动特性变化范围大，在几秒内由零速度加速到2倍声速，导弹气动性能变化十分剧烈。导弹Ⅰ、Ⅱ级分离对导弹飞行的扰动也很大。对此，黄瑞松等提出了"航向无控＋自控＋自导"三段工作模式。

然而，在1984年开始进行"鹰击一号"导弹自导段飞行试验后，先打的几发导弹都出现了一个共同的问题，就是在纵向平面上容易脱靶，飞行试验中出现了近弹或远弹现象。黄瑞松组织有关设计人员对过去历次飞行试验中超声速掠海飞行的弹道进行认真分析，提出采用无线电高度表信号进行高度控制解决纵向平面导弹脱靶量问题,将末制导雷达的双平面制导改为单平面制导,由雷达航向支路信号跟踪目标,将俯仰支路信号控制的俯仰通道改由无线电高度信号控制,以保证纵向打击精度。后来的飞行试验表明,双平面制导改为单平面制导方案合理可行,纵向脱靶量得到了有效控制,导弹的命中精度得到了保证。

1994 年,历时二十五年,"鹰击一号"终于完成了设计鉴定审查。这是一个瞄准世界一流高目标科技创新的典型案例。虽然历尽波折,但也带来了多个领域的开创性贡献:一是在"国外也没搞"的情况下,我们搞出来了,这开拓了中国飞航导弹的一个全新领域,极大地鼓舞了团队士气,更坚定了中国飞航人勇攀高峰的决心;二是取得了超声速导弹研制和试验的大量数据,掌握了大量新技术;三是在冲压发动机和导弹总体技术方面进行了艰苦卓绝的探索,积累了丰富的经验。这一段探索为我国后续超声速导弹、高超声速技术的发展起到了奠基性作用,否则我国第二代超声速导弹的研制进程不会有现在这么快。

在这个基础上快速发展起来的中国第二代超声速反舰导弹,在 2015 年纪念抗日战争暨世界反法西斯战争胜利 70 周年的盛大阅兵式上亮相,也圆了黄瑞松长期以来期望超声速飞航导弹早日装备解放军的心愿。

2016 年 7 月,个别超级大国挑拨菲律宾提起所谓的"南海仲裁"闹剧,在"仲裁"的同时,该国还派出 2 个声势浩大的航母群开到南海叫嚣要立即"执行"仲裁,即开进中国主权岛屿的 12 海里之内。此时，中国在南海举行了浩大的军事演习，在演习中，中国第二代超声速反舰导弹显示出了极大威力。最终，该国的航空母舰并没敢开进 12 海里之内。

图 8 为"海鹰三号"导弹，图 9 为"鹰击一号"导弹，图 10 为 C101 导弹发射。

图 8　"海鹰三号"导弹

图 9　"鹰击一号"导弹

图 10　C101 导弹发射

四、在系统级科技创新工程中
要处理好总体与局部关系

2015 年 5 月，中国政府发表首部专门阐述军事战略的国防白皮书《中国的军事战略》。这是中国自 1998 年以来第 9 次发表国防白皮书。白皮书指出："海军按照近海防御、远海护卫的战略需求，实现近海防御型向近海与远海护卫型结合转变；空军按照空天一体、攻防兼备的战略要求，实现国土防空型向攻防兼备型转变……""加强海外利益攸关区国际安全合作，维护海外利益安全"……"近海与远海护卫结合""空天一体、攻防兼备""海外利益攸关区"等新出现的表述，立即引发外界强烈关注，甚至造成了一定程度的轰动，而远程反舰导弹"Y2"，就是支撑从近海防御型向近海与远海护卫型结合转变的重要装备。中国第一代远程反舰导弹"Y2"研制定型并装备部队后，使我海军第一次拥有了对敌远程目标打击的能力，被誉为"反舰杀手"！在这型导弹中，黄瑞松担任总设计师，并在较长时间内兼任总指挥。

宽阔无垠的海洋决定了一个民族的活动半径，往往成为影响国家实力此消彼长的重要因素。海权的得失是描述一个国家发展现状的重要轨迹，构成一部国家强与弱、兴与衰的历史。我国是世界上邻国最多、陆地边界最长、海洋权益争端最复杂的国家之一。我国拥有数百万平方公里的管辖海域，但多个海上邻国都是争端国，争议面积达到上百万平方公里。随着我军战略的转变和升级，远程反舰导弹的需求变得异常强烈。

"Y2"导弹原本定位是一个"中程"和"远程"过渡的产品，但在研制中途军方提出不搞跨代，直接搞远程，多项指标大幅提高。这样一来，研制创新量巨大，难度也变得巨大。比如，因为地球是球体，在海上导弹最远只能"看"三四十公里，为了解决导弹"看"得远，就必须要进行科技创新。为此，黄瑞松组织研制了"超视距目标指示系统"。为了提高导弹飞行控制精度，他力排众议，撤换掉了捷联惯导装置，改用中国航天三院自主研制的、尚未进行过飞行试验验证的激光陀螺。当时很多人反对，争执不下，"就这么定了，错了我负责！"黄瑞松最终一锤定音，定下了这个方案。但是，在后来的一次重要飞行试验中，由于激光陀螺的问题，差点导致飞行试验折戟。但在科技创新的道路上，没有一帆风顺的坦途，黄瑞松确定使用激光陀螺，从某种程度上说是一种不得不做的选择，因为其关键重要性，这个险值得冒，他必须冒。最终的历次试验证明，他的决策是正确的，导弹在飞行中段，一直飞得很好。

当然了，中段飞得再好，并非就万事大吉，还必须迎接末段的考验。末段的飞行制导控制精度，从某种意义上说就决定了导弹的命中精度，因此导弹需要一双慧眼。飞行末段的事是末制导雷达的任务。"Y2"的末制导雷达由导引技术研究所研制。由于导弹本身的高指标要求，尤其是调整了超视距目标指示和中继指示系统方案后，对末制导雷达要求也变得异常苛刻。为了满足要求，雷达上技术和部件绝大部分进行了创新。要知道，在高科技领域创新从来就是一把双刃剑。指标的提高，对新技术采用过多，会影响产品可靠性，这二者几乎成反比，因为新技术的成熟需要一定周期。

末制导雷达研制初期就遇到了不少质量问题。黄瑞松深入到导引技术研究所，和大家共同探讨与分析。听了汇报，看了现场，见了各种琳琅满目的新技术，黄瑞松却出人意料地说："你们的问题不在于用了多少新技术，恰恰是新技术和新器件用得太多了！"他顿了顿，又道："我很欣赏你们的创新精神和闯劲儿，但你们的元器件好多都不成熟，不过关，所以才出现很多问题。你们需要把一些新的不太成熟的元器件换成合适的成熟元器件，以降低研制风险，提高产品的可靠性与可生产性。"

在激光惯导上，黄瑞松力排众议坚持要创新，而在末制导雷达上，黄瑞松又要求尽量采用成熟技术。这听起来多么矛盾！其实这并不矛盾，正体现了黄瑞松一种既锐意进取、又实事求是的性格。他坚持认为，创新不是目的，而是手段。当满足不了指标，或者产品缺乏竞争力时，才需要大胆创新；而当有成熟技术时，就要尽量采用成熟技术。因为新技术都有一个成熟期，多一分新技术，就多一份风险。黄瑞松接手"Y2"后，深知"Y2"的新技术太多了，很有必要在某些地方"退一下"，以退为进。

这其实涉及一个总体和局部的关系问题，这两个层面的博弈在航天型号系统级产品研制中经常反复交错，既对立又统一，很复杂，也很棘手。处理好了，会极大推进研制进程；处理不当，就是费力不讨好，甚至导致研制失败。对此，黄瑞松认为对最优控制理论的应用持以实践效果检验为准的观点和态度，没有绝对的最优，只有相对满意。在工程应用中，最优控制只能在一定的条件下实现其有限效果。他说："我不追求最优，最优是不存在的，最优的状态很难控制，过一点儿就不行。我倡导'满意理论法'。"

五、科技创新要敢于打破常规

2000 年 12 月，黄瑞松带领"Y2"试验队 200 多人进场开展飞行试验。天有不测风云。导弹发射后，掉入冰冷的海水。队伍撤回院里后，加紧排查故障。经分析，找到了原因，由于尾翼未能展开到位，导致飞行试验失败。经过改进的"Y2"导弹，进行飞行试验又提前入水了。经过改进，几个月后再次进行飞行试验，导弹飞行一段时间后再次跌入海水中。

连续三发重创，给研制队伍带来沉重打击，也让黄瑞松跌入了苦难的深渊。困惑和不安的情绪在型号队伍中蔓延，来自方方面面的冷言冷语、批评、指责一波一波地涌向黄瑞松，重压着他已经 64 岁略显苍老的身躯。他去海军汇报了多次，汇报一次海军批一次，还说你们这个黄瑞松，是屡战屡败，屡败屡战！个别人员更是出言不逊，甚至说出"要换总师"这样刺人的话。对此，他虽然能做到不理会，但要说一点不受影响那是假的，他又上火了，满脸长包满嘴起泡，血压也高了。

尤其是不久后，黄瑞松得到了一个消息更是让他五内俱焚。原来，海军已经等不及了，准备弃用这个老扶不上墙的型号，换装刚刚定型的"强国弹"！这对他无异于当头一棒。这已经不是简简单单的飞行事故了，眼看着即将演变成一场灾难！他没有办法，只得又来海军做工作，向海军首长检讨、求情。他向石司令员说："这三次虽然都掉下来了，但一次比一次飞得时间长，有进步啊，我们已经找到问题了，是颤振问题，我们能解决好，只不过请您给我一点时间，请您再给我们一次机会。"石司令员是飞行员出身，飞机上有时会碰到颤振，也最怕碰到颤振，他知道这是一个世界性难题，说："颤振这个问题我了解，可不是一时半会儿能解决的，3年能解决就不错了。"黄瑞松苦笑道："真要那么长时间您还不得把我们毙了?!"接着他信誓旦旦地承诺："我向您保证，给我一年时间，我一定解决，请再等我们一年。"石司令员看着他，严肃地说："老黄，我理解你这就是立下军令状了，你要知道，军中可是无戏言哪！"就这样，他为已濒临绝境的"Y2"争取到了一年的宝贵时间。

连续3发飞行失利，黄瑞松已预感到遭遇了"颤振"这个大麻烦。在航空领域，颤振是一个历时已久的问题。但在导弹领域，颤振这还是头一次遭遇。甚至之前很多人根本连听都没听说过颤振这个词儿。用黄瑞松的话来说，自己也是"老兵遇到了新问题"。他组织全弹振动试验后，这个故障疑点得到了进一步确认。他意识到，导弹的结构必须要动一次大手术，不大改不行了，再也飞不下去了。而按照常规工作规程去办，搞清颤振规律、吃透技术、重新论证总体和结构方案、风洞吹风、设计、重新生产、全弹振动试验⋯⋯这一大套规程，没有三年时间根本不可能完成。可是，他却只有短短一年时间！

这一次，必须打破常规！这种常规首先从一次会议开始打破。黄瑞松主持召开了一次规模较大的型号会议，参加会议的有院领导、型号研制人员等。他没有像往常主持会议一样，先组织讨论，充分发扬技术民主，让大家发表意见，他再归纳总结。这次，他开门见山就说："我让大家看了三天遥测数据，我自己也关起门看了三天，今天不讨论，今天大家就听我讲。"黄瑞松一口气讲了两个小时，他讲的主要内容是，通过飞行数据分析来看，不敢再飞了，要再失败一次，军方肯定不会再要了。必须釜底抽薪，要痛下决心对"Y2"彻彻底底动一次大手术。各个分系统之间要换位思考，牢固树立"一盘棋"思想。各单位要严格落实责任制，不要想着把问题都往上交。所有人，都要发挥主观能动性，主动思考，主动想问题想办法，心往一处想，劲往一处使，不扯皮、不推诿，雷厉风行。他说："为此，我提出'四个主动'和大家共勉：有问题主动协商，有困难主动克服，有余量主动相让，有风险主动承担。"从此，"四个主动"就成为"Y2"队伍的工作准则，大家逐渐深化对这一准则的认识，逐渐变成一种自觉行动。有时，大家在工作中难免绷不住了争吵起来，每当这时，黄瑞松就说："请大家不要忘了四个主动哦。"常常一句话将争吵消于无形。

如何解决令人头疼的颤振问题，黄瑞松面临艰苦攻关，他是搞控制出身，颤振并不是他的专业。他只得自己钻研，从头开始看，一点点儿啃，还找了其他相关书籍来看。黄瑞松总是说"学问学问，先学再问"，要是连最基本的原理都不明白，怎么去跟别人讨论措施呢？书上凡是重要的内容，他先勾画下来。对于一些疑问或自己的看法，他随时用蝇头小楷在页边上写下来，经常密密麻麻一写就是几百字。往往，一本书被他看完，别人就没法儿再看了，画得不成样子了。看完后，他会把重要内容系统地、分门别类地摘抄到另外的笔记本上。黄瑞松一直以来就有做读书笔记的习惯，几毛钱一个那种横格小本子，他总共记满了几百个。

他请来了航空系统大名鼎鼎的颤振方面的专家指导，该专家帮助准确定位了颤振问题，但对于"Y2"应该采取什么样的措施，他很幽默，说他只能介绍解决颤振的通常方法，具体如何解决请老黄你自己定！黄瑞松能理解，人家也只能帮到这个程度了。于是组织了一个专门攻颤振的小组，又和在这方面有经验的航空某所和某高校合作进行攻关。黄瑞松带着总体设计部年轻的潘幸华等与他们多次商谈、探讨，一步步细化技术措施。航空某所的气弹室主任恰好是小潘的校友，很年轻，可黄瑞松虚心地称他为"老师"。该室主任私下对潘幸华说，你们黄老总在这方面虽然不是行家，但他思维深邃，那么钻，那么用心，你们的型号必定能成功！

在这段时期，黄瑞松的技术决策风格变得格外犀利。没有时间充分酝酿，广泛讨论，深入论证，但他做了大量的决策。

支撑他快速决策的，完全就是凭这半辈子在多个型号中摸爬滚打的经验积累。

犀利的黄瑞松，常常又富有温情。"Y2"的研制队伍普遍年轻，年轻人遇到挫折不免产生气馁和畏难情绪，黄瑞松以自己的乐观情绪和必胜信心，感染和鼓舞着大家。他说："遇到失败，重要的是决不能趴下，决不能自己打倒自己！"他甚至刻意组织了集体舞会，让队伍"把痛苦统统忘掉，只要记住肩上的使命和责任！继续顽强拼搏，胜利一定属于我们"。他还给负责攻颤振的潘技术员写下了"不断学习，勇于实践，善于总结，勇往直前"的勉励箴言。

保持乐观固然可以减少一些负面情绪和消极因素，但真正的工作却一件也没有少。经大量建模和分析计算，最终搞清了颤振规律。借鉴别的型号的成熟经验，大胆对弹体布局进行了改型，加大了控制裕度。由于弹体布局做了大改动，其他相关方面也进行了一系列适应性更改。

为了提高研制生产效率，黄瑞松果断决策使用了新颖的"虚拟装配技术"。按传统工艺生产方法，是设计出图纸后，下到生产厂，由生产厂购买原料进行生产加工，在生产加工过程中经常要反反复复修改和磨合很多次，有时甚至会颠覆设计。这个过程属于设计和工艺之间的协调性问题，属于典型的理论和实际结合的问题，也是一种技术实现层面的博弈。例如，设计很理想，但工艺上做不出来；工艺上实现了，但又不能满足技术指标。这个过程往往需要花费成年累月的时间去解决。虚拟装配技术是充分利用计算机技术，设计成数字化三维模型，在电脑上进行模型装配，在虚拟装配的过程中发现工差等问题，直到装配完全协调一致后才形成图纸下厂，实际的生产装配就能一次成功不会反复。这一新技术的应用，极大提高了生产加工效率。

这真是忍辱负重、卧薪尝胆的一年！小小的尾翼，惹出这么大风波，实在是一大教训，也实在是一笔宝贵的财富。在后续的型号中，由于有"Y2"颤振的先例和成熟方法，后来型号再也没出现过因为颤振飞行失败的事。

在"Y2"连续三次飞行失败的情况下，黄瑞松在组织管理上、研制人员思想状态上、技术攻关上采取了一系列打破常规的措施，是非常有效的。最终，他在承诺的一年时间内动完了"Y2"导弹的"大手术"，在当年的 12 月 31 日，迎来了新的飞行试验。毫无悬念，"Y2"飞行试验取得了极大成功。从此，这个型号一路高歌猛进，表现优异。该型号众望所归地荣获国家科技进步一等奖、国防科学技术特等奖、国防科技工业武器装备型号研制金奖，黄瑞松排名第一，并荣记一等功。2009 年 10 月 1 日国庆 60 周年大阅兵时，"Y2"作为新装备参加了本次阅兵，接受了祖国和人民的检阅。

图 11 为黄瑞松在型号定型会上讲话，图 12 为黄瑞松在联欢会上致辞，图 13 为试验成功后与试验队员合影，图 14 为试

验成功后一名队员与黄瑞松抱头痛哭，图 15 为黄瑞松试验闲暇之余与队员同游，图 16 为黄瑞松与试验队员合影，图 17 为黄瑞松在人民大会堂领取国家科技进步奖证书时与李立新等合影留念。

图 11　黄瑞松在型号定型会上讲话

图 12　黄瑞松在联欢会上致辞

图13　试验成功后与试验队员合影

图14　试验成功后一名队员与黄瑞松抱头痛哭

图15　黄瑞松试验闲暇之余与队员同游

图 16　黄瑞松与试验队员合影

图 17　黄瑞松在人民大会堂领取国家科技
进步奖证书时与李立新等合影留念

六、科技创新需要良好环境和优秀人才

黄瑞松认为，科技创新是一件艰难的事情，尤其是在航天系统工程的科技创新是一件关系到国防甚至国家利益的重大问题，失败了通常要承担责任，因而科技人员常常面临很大的压力，反过来会制约创新的活力。黄瑞松认为，要营造良好的科技创新环境主要是两点：一是鼓励创新；二是对创新失败要宽容。

关于鼓励创新，不仅是一种胸怀，更需要的是一种担当。因为作为决策者，支持创新、鼓励创新往往也面临较大的决策风险，一旦创新失败，他也要承担决策责任。对这一点，黄瑞松总是勇于承担，他有一句口头禅："你们放手去干，出了问题是我的。"尤其是对于年轻人，如果没有一种良好的创新环境，就很难成长成才，而这种环境，他们自己无法创造，需要组织上、决策者来营造。

为了达到"Y2"的大射程要求，必须要有一台动力强大的高效能助推器。但受"Y2"导弹的气动外形结构和尺寸所限，给定的安装助推器的位置受到严重局限，助推器的研制面临空前的难题。后来担任助推器主任设计师的小汤，这时还是一个刚参加工作没几年的毛头小伙子，小汤所在的团队设计了一种特殊形体的助推器方案，但由于负责结构的同志把数据算错了，药柱做出来就是装不进去。小汤去和搞结构的同志理论，但对方就是说他那儿没问题结构也没法儿改，双方各执一词，谈不拢，也搞不下去了。如此一来，在助推器空间尺寸和几何形状受到苛刻限制的情况下，要达到大推力的指标要求，必须要做多方面的技术创新。这么大的创新量，以及由此带来的经费、时间、风险等等一系列问题，事关重大，一般人根本不敢拍这个板儿。时间又紧，层层汇报，层层讨论，一时半会儿是不会有结果的。小汤辗转反侧，想来想去，没有别的办法，只能直接找到最高领导试试了！

小汤忐忑地来到黄瑞松办公室，黄瑞松尽管非常繁忙，还是接待了他。小汤带了两份报告，一揽子汇报了个透。大意是说，两年多我做了上千种方案，根据这型助推器的特殊性，研制方案必须要做大调整，经费也要大幅增加，只能找您，看能不能支持我们这么做。还有一点小汤没说，就是由此带来的高风险。对此，黄瑞松当然清楚。黄瑞松沉思了一会儿，说："我听明白了，你的想法有道理，有很大的挑战，但这是一个很有潜力的创新方向，我支持你们搞。你要多少钱呢？"小汤说："我要200万。"黄瑞松吓了一大跳："那还得了！全年经费才2000万，你就要200万，怎么可能给你那么多！"小汤说："黄总，不是我漫天要价，钱少了真做不下去，刚才您也听明白了，这难度多大！之前院里就给我5万元，说真的，对于我们这个项目来说，给5万元和给5元效果其实是一样的，就是最终什么也出不来。之所以要这么多钱，我有实打实的预算啊，您看，我拿这个钱干什么，一分一分都有去处。"小汤跟黄瑞松软磨硬泡了半天，黄瑞松摇头苦笑道："我磨不过你，这样吧，给你160万，剩下的你们自己想办法解决。经费计划都下达了，我只能去找机关挤一挤调一调了。"

小汤如释重负，也非常受鼓舞。他也不负期望，两年后，这台助推器的第一次试车数据出来了，推力性能很高。海军的同志说，邪了，全世界都没这么高呢！这台助推器，用的方法和手段和别的都不一样，开了许多先河，实际上已经是一个跨代级的产品，这些先进成果在后来的其他型号中也得到了全面应用。助推器技术达到了国际一流水平，正是发端于"Y2"的固体火箭助推器。

在"强国弹"涡喷发动机研制过程中，由于连遭重创，成为"众矢之的"，项目很可能夭折，发动机研制试验人员心情是非常沮丧的。有的蒙在被子里哭，大家都躲在宿舍不去吃饭，觉得"没脸见人"。黄瑞松亲自去宿舍看望和安慰大家，推心置腹地和大家谈心，做他们的思想工作。大家见总指挥并没有责怪他们，对他们如此宽容，都受到了鼓舞和感染，逐渐扭转了情绪，走出了困境。

科学研究是探索未知。黄瑞松主张，科技人员既要有严肃、严密和严格的作风，又要有敢想、敢干和敢闯的精神，二者缺一不可。因此，科学研究过程中必须建立起一种宽容失败的环境。只要大方向没有问题，黄瑞松就放手让年轻人去干，让有问题再去找他。2015年7月，在一次特别重大的飞行试验前夕，航天三院主管的张副院长来向黄瑞松汇报，黄瑞松叮嘱他说："一颗红心，两手准备。有可能成功，但也有可能失败。如果试验失败了，是没有认识到的问题，请你们不要处分人，因为这个项目难度实在是太大太大了，认识需要一个过程，我们这么快能走到这一步，已经非常不易了，要以鼓励为主。"

对于人员的处罚处分，黄瑞松既视之为必要手段，但又很慎重。他历来主张，对于没有认识到的规律或事物，出了问题不要惩罚人；如果已经认识到了，由于主观原因没有做到位则要惩罚。因为人的认识是有限的，是不断深化和发展的，否认这一事实而不敢担负失败是唯心主义。黄瑞松以自己丰富的经历告诉科技人员们，不要怕失败，不要怕挫折，失败是成功之母，担当失败是一种自我修炼和必备素质。

有的年轻人非常有闯劲儿，也很有想法，有时自认为非常正确，因而在讨论的时候就显得比较固执己见——即便黄瑞松指出来后。这种情况下，黄瑞松并不是用自己的职务或权威强压于人，他以非常包容的态度说："你们可以试一试，看结果，用结果来说话。"事实证明，黄瑞松的意见常常是对的。但他不强压于他们，觉得年轻人有好奇心，有闯劲儿，这应当鼓励，有时即便预判可能有问题，但也还是鼓励他们试一试，如果真错了，这就是必须要交的"学费"，交了"学费"学到的东西完全不一样。如果没有这种包容的态度，就不会有研制中的百花齐放。

在航天大系统级科技人才的培养上，黄瑞松有一个鲜明的观点，就是要立足于自己培养。20 世纪 80 年代，组织上要安排黄瑞松去攻读博士研究生，但黄瑞松没有去，他说我认为在工作中能学到的可能更多。有一次，他去某发达国家考察访问学者学习的情况，听了相关情况的介绍后，黄瑞松摇摇头，不无感慨地说："你们学的这些东西，面太窄了，回去后远远不能适应所需要的工作啊。"他深知，发达国家对我们派过去的人一定会进行技术封锁，绝不会把你培养成大系统级的人才，不会把大系统级的知识培训给你。他深切地说："在我们航天这样的特殊领域，大系统级的高级人才必须由我们自己通过实践来培养！"

1983 年，黄瑞松担任航天三院总体设计部副主任，他在分工上主动请缨，做预先研究和人才培养工作。针对人才断层、后继乏人的矛盾，黄瑞松把人才培养当成单位一项重要基础建设来抓。他对人才培养与开发实行"两手抓"的原则：一手抓现有人才的培养、使用，一手抓优秀人才引进。针对人浮于事、机构臃肿、干部能上不能下等一些积弊问题，他开展了一次全方位的人事改革，推行聘任制，破除了"铁交椅"，建立了举贤纳能的机制，使有才干的人才脱颖而出。他主抓了以下问题：一、青年后备干部的培养；二、班组建设；三、要求领导干部深入科技一线蹲点，深入现场了解研制情况，解决实际问题，他带头以身作则。为了促进人才成长，他还实施了"岗位责任制"，赏罚分明，不怕得罪人。

在年轻科技人才的培养上，他通过以下方式予以引导和激励。

一是重思想。他经常给年轻人讲航天的光荣传统，讲航天的精神，讲"三老四严"作风。他对人才的要求是"德才兼备、以德为先"。对报考他的研究生，他给他们上的第一堂课基本上都是思想教育课。他经常给年轻人讲他的座右铭"不断学习，勇于实践，善于总结，勇往直前"。这四句话本身就是他从自己的奋斗历程中归纳出来的，每一句话都内涵丰富、意蕴深远，每一句背后都有讲不完的故事，因此他在给大家讲的时候，结合自己的经历娓娓道来，通过亲身经历的许多生动鲜活的事例，带给他们潜移默化的熏陶和启迪。

二是严要求。他是一个典型的"完美主义者"，对自己要求很严，对别人要求也很严，这也让刚跟他接触的许多人不适应。他亲自制订研究生培养计划，在基础课程学习阶段他还会定期去合作高校考察监督他们的学习情况。对毕业设计选题，他无一例外地要亲自把关。在毕业设计过程中，更是严格要求，手把手指导。他的第一个研究生曹建国（现任中国航空发动机集团有限公司董事长）回忆说："（黄老师）亲自过问我在哈工大、国防科大的学习、做课题有关事项，帮助联系哈工大的姚老师和国防科大的黄教授，对我要求非常严格。"他的研究生魏毅寅（现任中国航天科工集团公司副总经理）回忆说："尽管工作繁忙，（黄先生）还是要抽出时间询问我的研究进展，关心我在研究室里的表现，提醒注意事项和解答问题。我的学位论文成稿的时候，黄先生做了全面审阅把关。不记得是什么原因了，先生的脚受伤不能走路，脚腕上打着石膏。记得他靠在一把椅子上，受伤的脚架在一只凳子上，把我叫到他的家里，逐段讨论我的论文。"

三是搭平台。他充当"铺路架桥者"和"舞台设计者"，为科技人才铺平发展道路，让人才在飞航事业这个舞台上获得实现自身价值的机会。

四是压担子。他通过多种方式给予年轻人实践锻炼的机会，不断使年轻同志丰富工作经验，开阔视野，提高素质，增强能力，把他们推到第一线，让他们在实践中挑重担、受考验。在压担子这件事上，除了敢于压，也善于压。他兜里总是揣着一个小本本，记录着研制队伍里或遇到的许多人的专业、特长、经历、表现等。因此，在需要各方面人才的时候，他往往能信手拈来，量才委用。

七、科技创新没有终点

黄瑞松有一颗充满新奇、永不满足、学无止境的慧心。

在"Y2"导弹研制过程中，要求弹上末制导雷达必须看得更远，搜索距离更宽，理论上必须要重新设计雷达导引头。此时，雷达成品都已经研制出来了，要改谈何容易？黄瑞松琢磨能不能在信号处理上做文章。他说，我听说某大学有一种特殊的信号检测新技术，是否试一试？众人一打听，果然有这么一种技术，于是用这套技术很好地解决了这一难题。

黄瑞松经常见旁人之所未见，及旁人之所未及。除了天资使然，一个非常重要的因素是他是个有心人，更是非常勤奋，也善于调查研究。黄瑞松随时随地，利用各种机会在"充电"。例如，他之所以能提出特殊信号检测的新技术，这一技术就是他在一次会上偶然听到的。有些人觉得开会是件枯燥的事儿，但他却注意去听，获得各种信息，回来后将有用的还要整理出来。他善于利用出差、开会、培训、参展等一切机会，接收外界的新资讯、新思想。他也没有什么新奇的招数，无非就是跟人聊天。从聊天过程中，发现他所不知道的事情，用心记住他想记住的东西。他和各行各业、各个年龄段的人都能聊到一起，包括小区值勤的保安，来家里打扫卫生的小时工，病房里的护工，收废品的……他都能跟他们聊天。他就像一台不知厌倦的电脑，将收集到的海量信息加工、处理、存储，从而丰富和完善自己的认知体系。

近代科技发展的一个突出特点，就是在学科与学科之间的交叉面上，常常可以找到新的生长点。航天系统飞航导弹系统是一个多学科、高技术的综合体，是一个十分复杂的知识密集型的巨系统，会应用到大量的基础性技术。黄瑞松非常注重基础技术研究。例如，他大力推行仿真技术应用，主动作为，担任飞航导弹仿真技术负责人长达十多年，主持开展了一系列仿真技术研究和应用。经过包括他在内的众多人的艰苦付出，中国航天三院目前已建成以仿真试验大楼为核心，广泛分布的试验室群，试验用面积达到近 10 000 平方米。中国航天三院的"海鹰仿真中心"达到了国内一流、国际先进的水平，其中光学成像制导仿真系统在国内军用仿真领域别具特色，仿真资源供全院调度使用，也为其他系统单位服务，创造了良好的经济和社会效益。通过仿真技术应用，在飞航导弹研制中缩短了 30% ~ 40% 的研制周期，提高了 40% 以上飞行试验成功率，节约了研制经费 30% ~ 40%。黄瑞松对仿真技术近二十年的倡导与坚持，使中国航天三院的仿真技术走在了全国前列。

图 18 为电磁兼容试验室，图 19 为仿真 CAD 试验室，图 20 为刚刚建成的仿真试验室。

图18　电磁兼容试验室

图 19　仿真 CAD 试验室

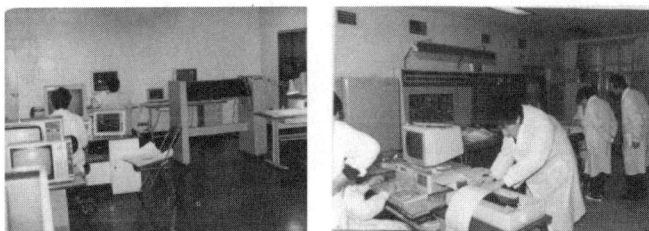

图 20　刚刚建成的仿真试验室

黄瑞松还大力推进 CAD/CAM（计算机辅助设计及制造）技术，CAD/CAM 一体化工程的建设和实施，率先在航天总公司范围内实现了 CAM 单元的集成，提供了从工程工作站到加工机床及测量机、绘图机的集成环境，数控机床实现了分布式控制，缩短了数控加工设备之间的信息流程，大大提高了信息传输的可靠性，改善了生产管理效能，在飞航导弹的数字化设计、制造方面立下了汗马功劳。例如，某导弹尾舱原镗床加工定额工时达 110 小时，实现加工时间达 8~10 天，一班制作业全年只能加工 30 件，而应用 CAM 单元集成系统后，可将工时缩短为原来的 1/3，而且可以实现两班或三班作业，全年单班可生产 90~100 件，大大提高了效率，并且产品质量有很大提高。再如，通过涡喷发动机 X-2、X-4 静子三级叶轮 CAM/CAM 技术攻关，成功解决了传统加工无法解决的技术难题；通过"Y2"导弹的数字化装配实施应用，首次在飞航导弹的组合件装配中应用 CAD/CAM 技术，生产装配效率和质量显著提升，促使"Y2"在 2002 年一年的时间内完成了三年的工程量，并为实现成功的圆满飞行试验发挥了重要作用。

飞得更快、更高、更远，是人类永恒的追求。在人类的飞行史上，共出现了三座里程碑。1903 年 12 月 17 日，莱特兄弟驾驶的"飞行者 1 号"从美国北卡罗莱那州基蒂霍克机场一块沙地上起飞，虽然在空中停留时间只有 12 秒，飞行距离也只有 36 米，但却是人类历史上第一次展翅蓝天，也是人类飞行史上的第一座里程碑。第二座里程碑是突破"声障"。当飞行器的飞行速度接近声速时，就会逐渐追上自己发出的声波。声波叠合累积会造成震波，进而对飞行器的加速产生障碍，这种因为声速造成提升速度的障碍称为"声障"。当飞行速度接近声速时，空中解体等事故不断发生。1947 年，美国的 X-1 飞行器首先突破了声障，使人类在航空航天的探索中迈出了一大步。第三座里程碑是高超声速巡航并突破"热障"。所谓"热障"

指的是飞行器高速飞行时所遭遇到的极高温。"热障"造成的危害会使蒙皮和结构变形、仪表设备失灵、燃料蒸发或燃爆等。2004年3月27日，美国国家航空航天局（NASA）研制的X-43A飞行器在太平洋西海岸试飞成功，首次实现在吸气状态下的高超声速动力飞行，以8 000千米/小时的速度创造了飞行时速的新世界纪录。

发展高超声速飞行器的战略意义远超其本身：一是将推动航空史第三次推进技术革命，高超声速飞行器航程远，速度快，性能超卓，将对未来战争和军事变革产生极其深远的影响；二是将突破现在所有空天防御系统；三是将使未来作战方式发生重大改变，届时人类可能将要真正面对"星球大战"。谁占领了高新技术的制高点，谁就取得了新的主导权。美国已经提出了"全球快速打击计划"，这一计划的核心是美军要在一个小时内打击世界上任何一个目标。在未来国家安全形势的重压下，世界各国也竞相开始研发高超声速飞行器。目前世界上开展研究的，除了美国外，还有俄罗斯、法国、德国、英国、日本、澳大利亚、印度等众多国家，但其发展水平都与这个领域的领先者美国有着不小的差距。

在中国高超声速飞行器技术研究小组中，黄瑞松担任组长，刘兴洲、曹建国、乐嘉陵担任副组长。黄瑞松虽然协助主持完成了中国第一代超声速反舰导弹的设计，主持了第二代超声速反舰导弹预研和方案设计，但高超声速飞行器技术于他却几乎是一个全新的课题，他义无反顾地扛起了这副新的重担。在首次会议上，他诚恳地讲道："我是一名航天战线的老兵，但在高超声速飞行器技术领域我又是一名新兵，需要向在座的各位学习，请大家对我全力支持和帮助。"

为了尽快进入角色，黄瑞松除了听汇报、到相关单位调研了解外，还找来了几乎是能找到的所有关于高超声速飞行器技术的文献资料，像当初攻克"Y2"导弹的"颤振"问题一样，开始从头学习和钻研。他一边学习，一边记笔记，密密麻麻地记了有几大本笔记。有时为了弄懂一个问题，他拔腿就直奔技术人员那儿，一次次地向年轻的技术人员们虚心请教。由于白天忙于会议和其他的工作，许多文献资料都只有晚上抽时间看。高超声速飞行器技术难度太大，机理太复杂，这绝对称得上是当今世界上最艰深的科学技术之一了，即便走得最快的美国，也还只处在演示验证阶段。黄瑞松保持着既锐意进取又务实稳健的一贯风格，要求大家必须"吃透机理、吃透规律、吃透技术"。他总是说"好饭不怕晚"。为此他组织了一系列全国性的调研和研究，有时忙到周末、深夜还在开会。由于频繁的会议和巨大的工作量，他的颈椎和腰椎开始折腾他了，有时不能久坐，只能躺着。即便躺着他也不闲着，照样把资料举在头顶上看。

由于研究过程中遇到了不少技术难题，时间长了一些同志不免产生畏难情绪，有的小伙因为经常连续加班，工作压力大，有时不免耍点小脾气。一个同志回忆说："这时，黄总表现得总是很宽容，同时循循善诱，给大家宽心，给大家打气。面对非常艰巨的任务，时间又如此紧迫，难度极大，黄总经常用一句话来鼓励大家，就是'事在人为，关键在为，只要敢为，一定大有作为'。总之，在年轻人眼里，黄总既和气又严厉，既宽容又严格，风格真是非常鲜明。黄总尽管在工作上那么忙，要考虑的事那么多，但在生活上却热心帮助年轻人。在研究任务最繁重的阶段，加班加点成年累月几乎没有休息日。有一个年轻人小徐，是队伍中的技术骨干，忙得没时间找对象。黄总对这事非常上心，他主动表示关心，对我们小徐幽默地说：'小徐，我给你下一个找对象的'责任令'，你必须完成哟！'不久，黄总甚至主动帮忙牵线搭桥，最终帮小徐找到了对象，帮助他解决了人生大事。"

在黄瑞松的带领下，研究团队夜以继日地开展研究，一项项技术研究得到了突破，研究工作有序地进行。在技术研究、人才培养等方面，他提出了诸多建设性意见，具有很强的前瞻性和科学性。

在开展研究之初，反对的声浪相当高，尤其是一些航空航天领域的资深专家也非常反对。一位同志回忆说："20世纪90年代，我们专门只干一件事，就是去宣讲高超声速飞行器技术发展的重要性，让各方面了解、重视，让大家明白对国家科学技术长远发展的巨大带动性。我们当时做了很厚的PPT啊，去相关部门，一次次去给他们介绍，有很多人表示质疑，认为我们这个想法根本不靠谱，就是来瞎忽悠钱的。"

因此，黄瑞松必须说服这些反对的人士，统一思想。不仅要求他这个负责人自身要有深厚的技术功底，做到以理服人（而不是以组长的权威强压别人，更不能靠倚老卖老）。同时，在一些高端的会议上，还要有丰富的控制场面的技巧，也就是说要能"镇得住场子"，否则这样的会议根本开不下去。

逆风的方向，更适合飞翔。知识渊博、长期担任航天大系统工程"两总"领导职务，而且又当过行政领导的黄瑞松，自然是久经沙场，在说服不同意见、统一大家思想方面，可以说起了决定性作用。一位同志回忆说："黄总牵头组织研究的优势在于，他能镇得住这个场面，他有这种气势。有时我们争论半天，没效果，他说'你们把问题整清楚，把话说给我，我到会上去说'，效果顿时不一样。黄总他也敢说，敢于担当敢于负责。例如，有一次某部门反对我们做的研究方案，准备不让通过，黄总镇定地说'技术上是我们技术专家说了算'，他据理力争，在他的坚持下方案终于获得通过。他说话表情比较激动，有感召力；他把多年工作的经验，编成富有哲理的口头语，对我们很有启示，例如他说对于高超声速飞行器技术要重点关注六个方面的问题，即'气动是基础、动力要先行、材料是支撑、制导控制是保证、一体化是关键、基础设施是保障'。这六个方面总结得既简洁却又含义丰富，讲得很到位。"于是，凡是复杂棘手的会议，都由黄瑞松出马去主持，一般都能比较顺利。

由于参加研究的人员很多，来自全国许多单位，黄瑞松提出"大力协同"的思想，并提出了一个具体的行动倡议："共同目标，共同协商；共同策划，共同攻关；共同计划，共同保障；成果共享，为国争光。"起初有些同志不怎么理解，经过多年工作的磨合，大家取得了一定的共识。

为了取得共识，黄瑞松还亲自带队去许多单位走访，以他的亲身经历讲大力协同，讲航天精神，讲系统工程，希望大家继承发扬航天精神，大力协作，共同完成研究任务。最终，通过他个人丰富的资历、诚恳的态度、卓越的风范，逐渐说服和感召了大家，凝聚意识进一步加强。对航天系统内部人员，他也经常给大家讲要有"海纳百川"的胸怀，不要抵触其他单位的参与，要充分发扬航天精神，要带头大力协同做出表率。

"随风潜入夜，润物细无声。"最终，通过卓越而高效的工作，黄瑞松以他非凡的人格魅力、坚韧的品性、实干的态度、负责的精神，带领研究团队圆满地完成了研究任务，为中国高超声速飞行器技术的进一步发展做出了重要贡献。

科技创新永远在路上。人生重要的不是所在的位置，而是所朝的方向！

黄瑞松不仅在科技中永恒地追求创新，在日常生活中也爱创新。2015年，他做完一次大手术后，平常的衣服穿不进去。于是他就亲自"设计"、由他老伴"施工"做了一件特别的衣服。他找来一件旧汗衫，让老伴从侧面剪开，像钉排扣一样缝上几根短布条儿，穿上后几组布条儿对应着一系就行了，简单、实用、方便。他老伴说，这体现了他爱创新，这样的创新很多，"他的创新是全方位的，不光在工作上，生活上也是，比如我们家都爱吃他拌的凉菜，因为他爱创新。我们家第一个蒸馒头的是他，家里要是来了客人，掌勺的也是他。"

黄瑞松特别热爱科技工作，无论面临怎样的形势、困难甚至绝境——包括在两地分居的七年时期、在"文化大革命"混乱时期、在下放锻炼时期、在"强国弹"和"Y2"遭受重大挫折面临空前压力时期，他对导弹事业的信念从来都没有动摇过。他一生都与钟爱的导弹技术形影不离。黄瑞松曾经干过很长时间的行政管理工作，但科技工作他始终没有丢弃。即便在总体设计部当主任时期，行政事务日理万机，他的很大一部分精力仍然在抓技术发展。他说："别看我是总体设计部主任，但在办公室很难找到我，因为我经常去基层。经常在基层，对一线的情况和群众的状况我就很了解。我的办法是实行'岗位责任制'，具体的事务性工作我不管那么细，大家需要帮助的时候告诉我，我会给他们解决。我一边睁大眼睛看着他们，一边埋头搞我的技术。行政领导你最多干两届吧，但技术没有时限，是看家本领不能丢啊。百分之七八十的人拥护我才当领导，不拥护我就去干技术，我喜欢干技术。"这正如爱因斯坦对不愿出任以色列总统而只愿一心一意搞科学一事进行评论的那样："政治是暂时的，而方程是永恒的。"黄瑞松对技术的执着和痴迷，使他成为一个大家。或许，一个人只有以他全部的力量和执着致力于某一事业时，才能成为一个真正的大师。只有全力以赴才能精通。

尽管黄瑞松早已退居二线，但对中国航天和飞航导弹的发展，他一直密切地关注着、思考着。在现代化信息化战争中，战争模式与以往发生重大变化，非接触战成为战争的一种典型模式，由海湾战争已得到证实。根据简氏防务周刊公布的海湾战争参战导弹武器资料统计，在参战的 87 种精确制导武器中，导弹 77 种。非接触战对武器系统提出越来越高的要求。以高新技术为特征的现代战争已经是一种多维的、体系与体系对抗的"非对称"战争。黄瑞松认为，飞航导弹的发展必须按大系统的观点，以作战效能为中心，着眼于体系的建设，在战争中科学地组织和合理地使用各军兵种的力量，很好地发挥各军兵种在协同作战中的作用。飞航导弹的未来使命，在发展以某新型远程飞航导弹为代表的超低空、亚声速飞航导弹的同时，发展超低空、超声速飞航导弹以及临近空间的高超声速飞航导弹，以便建成近、中、远全程覆盖的以及全空域对地、对海、对空、对信息链实施精确打击的飞航导弹体系。他的飞航梦是"天空任我飞，海洋任我航。陆海空天，千里寻的，智能控制，亚超高超，任我飞翔！"

图 21 为黄瑞松在给院士讲解，图 22 为黄瑞松在华中科技

大学做讲座，图23为黄瑞松在宜兴一中做讲座，图24为黄瑞松在甲午海战纪念馆，图25为黄瑞松在无人机试验现场，图26为黄瑞松参加韩国航展，图27为黄瑞松参加珠海航展。

图21　黄瑞松在给院士讲解

图22　黄瑞松在华中科技大学做讲座

图 23　黄瑞松在宜兴一中做讲座

图 24　黄瑞松在甲午
海战纪念馆

图 25　黄瑞松在无人
机试验现场

图 26　黄瑞松参加韩国航展

图 27　黄瑞松参加珠海航展

浅谈我眼中的科学创新

欧阳颀院士

　　科学的道路漫长而艰辛，要能持之以恒地坚持，需要做到兴趣驱动而非收入驱动，问题驱动而非学科驱动，科学趣味驱动而非 SCI 驱动。

　　我现在做的研究叫合成生物学，最终目的是创造人工生命。打个比方，比如吃垃圾产出石油的细菌，已经做出来了，当然要对石油工业产生实质的影响还有很长的路要走。这类的成果一旦形成规模，对解决人类的能源、生态、环境等问题都会是革命性的。

　　合成生物学的概念早就有了，以前的杂交、选种就是。以天然生物为基础加以改造，给生物一个进化压，淘汰不需要的，一代一代进行下去，这种方法已取得了相当辉煌的成就。电子技术的发展给合成生物学提供了经验和启示。从 1951 年第一个三极管发现到现在，我们每个人口袋里都有上亿个三极管，它们如何协同工作显然也是非常复杂的问题，在某种意义上跟生命体也很类似。电子工程领域飞速发展之初，一些生物学家就认为或许能用这种方法创造生命。

到了20世纪末，技术的发展已使定量生物学的研究成为可能，我现在研究的重点就是看我们到底能不能用电子工程的方法构建生命。假设一段基因是一个调控元件，从2002年到现在我们最多尝试用了34个调控元件构建有特定功能的生命器件，比如我们在细菌上重现了巴甫洛夫的条件反射实验。实验中涉及的很多关于大脑神经的计算被我们简化成一个最简单的逻辑，然后放到大肠杆菌里面，让大肠杆菌也有这种反射的功能。这样我们就完全通过电子工程的思路进行设计，列出input/output的真值表后，用布尔代数就能设计出来"生物逻辑电路"。

我们的思路是像电子工程那样，按照设计蓝图来组装生命，组装完成后它就能完成预设的功能。当时设计用了一个月，完成却花了三年，原因就是其中有很多不可预测的因素。这个工作最大的难点还是缺少可靠的数学模型，说到底还是没有一个定量的生物预测系统。凭借目前的理论和大量的实验，我们大概知道三十几个元件怎么预测，但扩大到300个、3 000个、30 000个就不完全清楚了。人体中大约有20 000种基础蛋白质，相当于20 000个基础器件，加上它们之前的耦合，复杂程度是不可想象的。2002年合成生物学最初用了3个元件，到现在用

30 多个，平均一年增加一两个，这相对于电子技术的发展来说是极为缓慢的，关键也是合成生物学没有像电子工程那样成熟的理论模型。如果合成生物学也能像电子技术那样模拟、仿真，那么生命的创造就成了艺术设计，科幻小说中的描述也不再是幻想。

我们的实验都是通过微调的方法进行的，离真正的可预测的设计还很远。组装阶段就跟机械工程一样，螺丝和螺母不相匹配的话就根本拧不上，拧不上就要调试和改造，这都得花工夫。在世界范围内，我们的生物模块用到的器件是最多的，但是这种数量上的竞争没什么意义，必须回过头来把最基础的东西夯实了才能继续前进。对于这类复杂的非线性问题，需要一种全新的数学语言和描述方法。基因工程最终成为"工程"不能靠瞎碰，一定要落实到一种有效的算法上。

目前我没法证明是否真的有一套这样的数学语言将我们的研究带出困境，但我相信自然的规律是简单的、有逻辑的，而只要是有逻辑性的，就能用简单清晰的数学语言去表达。很多人都在研究这个问题，实验也越来越多，数据多了之后其背后的规律慢慢就会显现出来。我估计未来十年、几十年应该就会有突破，这是我的信仰和对科学的直觉。

这套语言和方法对科学的发展应该是革命性的，对很多研究领域都会产生根本性的改变。现在所有没能彻底解决的、缺乏数学逻辑的领域都有共性，比如生物学、金融学、社会学，这些学科最后碰到的问题都是需要一套定量的数学语言做预测。因为这些不同领域的问题在数学本质上可能是同一个问题，所以这套数学语言最终也不一定是在生物物理领域发现。

科学中重大的突破开始看起来都是违反"常识"的，就像相对论与量子力学。因为突破本身就是一种颠覆，现有理论走到了尽头才有突破的可能和必要，所以科学的创新必须有打破常规的想象力，同时又以深厚的科学素养为基础。按现在国内外教育的现状来看，我觉得科技的重大突破在国外产生的可能性更大，因为中国学生的思路往往被老师限制得很窄，几十年的惯性，思维已经定势了。我这一代人大概看不到这种重大突破的到来，因此我的一个重要责任就是训练下一代思考这些事情。

现在中国科研的主力基本是研究生，这也是一个大问题。美国的科研主力是博士后，自然就比中国的研究水平高一个档次。目前中国找不到最优秀的博士后，因为最优秀的博士后都到美国去了。我刚回国时，我的研究组的科研主力是本科生，因为那时候优秀的本科生毕业后都直接出国或做其他事情了，研究生的质量比本科生差很多。现在情况有所好转，已有一部分优秀的本科生愿意留在国内做研究生，也许过几年形势会更好。如果最优秀的研究生愿意留在国内做博士、博士后，那么中国的科研水平又会上一个台阶。

2013 年 12 月 19 日，中国科学院公布了 2013 年新当选院士名单，北京大学共有 5 位教授当选为中国科学院院士，我有幸名列其中。不乏有人对于"院士"这个头衔有诸多的遐想，但是院士对于我来说只是一个荣誉，只是对你以前所做工作的一个肯定，它跟你以后的工作没关系。并不是说你有多大本事，也并不是说你以后也还会创造出同样好的工作业绩。

这些年，从图灵斑图到合成生物学，我一直在从事着自己乐于去发现、去研究的一些方向。作为北京大学的一位人民教师，除科研外，我还有一个很重要的本职任务就是教学。"教学改革"一直是个热门话题，这些年我们也一直在讨论。现在最基本的教学模式还是一个人讲、底下人听，但我认为以后学生和老师的交流会成为教学最重要的部分。清华在这方面已先行一步，他们明年准备招 200 个学生进行实验。这些学生先在网上学习课程，老师的任务就带着学生"探索"。他们最近建了一个 Open Lab：老师让学生提实验建议，想要做什么；如果经过评估有一定的科学价值与合理性，老师就会组织小组专门做这个，并且学校会提供资金支持。我认为这种模式可能会更好地带动学生的主观能动性，更能够开发学生的创造性思维。

教学和科研不一样，科研的评估是定量化的，比如你拿了多少基金、发了多少文章，这些都有明确的数字。虽然不一定合理，但毕竟有一个明确的指标，可操作性强。教学没法定量化，完全是一届届学生积累下来的口碑。北大真正的实力恰恰是体现在这些优秀教师身上。原来北大有一批教师的主要任务就是教学，他们琢磨的事情就是怎么把这门课的概念用最简单、最容易懂的方式传递给学生，这要求老师对这一学科有极为广泛并深入的理解。这实际上比科研还难，因为有的时候科研你只要钻你那一小块地方就行了。物理系这方面最典型的就是赵凯华先生，他基本不做科研，就是把教学做得特别好，谁都不能否认他是真正的大师。但现在的环境下，像赵先生这样的人在北大很难出现。以自己为例，我即便想多花点精力放在教学上，也实在抽不出时间，各种行政会议、邀请报告等，还有一些其他的活动把日程排得满满当当。这是普遍性的，说到底也并不是哪个教师责任心的问题。那么针对这种现象，学校应该提起重视并拿出解决的办法，让教学人员能够拿出更多的精力投身教学研究。

美国那边我也曾教过一些课，当然在中国教得更多。我跟哈佛、普林斯顿的所谓世界一流大学的老师也交流过。其实从生源上来说，北大的学生比哈佛、比耶鲁都好，而且他们在教学上也没什么特别的秘诀。但单纯从现象来看，中美大学生入学以后，教育的结果很快会表现出明显的差别。中国学生第一个学期分数基本上还是高斯分布的单峰结构，这是正常的，因为拔尖和落后的学生都是少数；但到了第二学期，成绩就变成了双峰分布：有一部分好学生在九十分左右，然后大概有三分之一的学生就是五六十分。清华北大都有这个现象，但在哈佛、耶鲁、普林斯顿都没有，他们的学生成绩一直都是高斯分布。

这说明什么呢？据我观察，他们每一个学生都非常自信，认为自己在某方面一定比别人强，只要找对路，一定就有成就。加上美国大学的环境比较宽松，可以到处转系，学生总可以找到适合他自己的方向。一个学生可能学了半年物理，然后跑到生物甚至哲学去了。现在北大和国内其他大学转系转专业也宽松多了，但学生选择时也缺乏自信。如果可以的话，多数人会一窝蜂地去选择经济或管理类专业，只是为了以后一个工作职位而已，而对自己的能力缺乏自信。

总的来说，目前国内的科技创新需要更多更具有创新型思维的科研力量投入，而这部分科研力量的培养则很大一部分依赖于我们目前的教育体系和科研环境。如何逐步完善我们的教育体系和科研环境，培养更多的科研人才并尽量将这些人才留在国内做科研？在这方面，可能我们还有很长的路要走。

欧阳颀院士近年来研究成果

附件：

欧阳颀院士近年来部分研究成果：

1. 研究揭示生物振荡精确性与自由能耗散的关系。

Cao Y，Wang H，Ouyang Q，et al. The free energy cost of ac-

curate biochemical oscillations. ［J］. Nature Physics，2015，11
（9）：772 – 778.

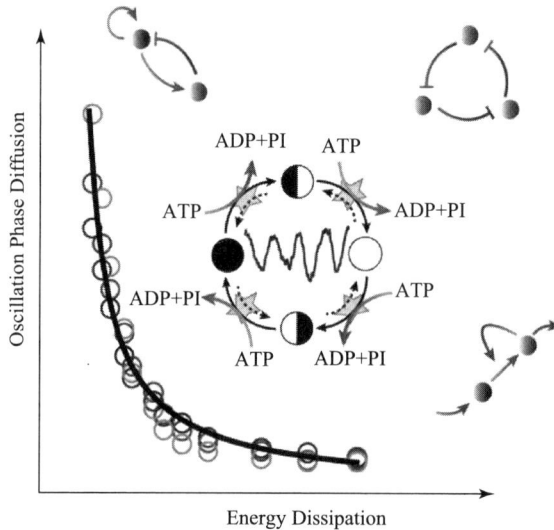

图注：在三种产生振荡的生物网络中，振荡相位扩散系数与能量耗散
呈反比关系。从微观上看，振荡由多个自由能驱动的反应环路构成。
自由能消耗越高，振荡相位的精确性也越高

2. 利用冷冻电子显微镜（cryo-electron microscopy）技术解
析了近原子分辨率的炎症复合体（inflammasome）的三维结构，
首次阐释了其复合物在免疫信号转导过程中的单向多聚活化的
分子结构机理。

Zhang L，Chen S，Ruan J，et al. Cryo-EM structure of the ac-
tivated NAIP2 – NLRC4 inflammasome reveals nucleated polymeriza-
tion. ［J］. Science，2015，350（6259）：404 – 9.

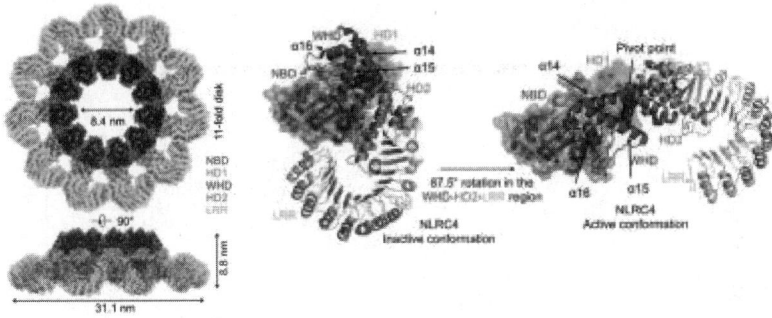

图注：炎症复合体三维结构与 NLRC 单体激活态与

非激活态之间的构象变化

3. 利用线粒体凋亡信号通路为例，开展系统分析整合信号通路动态与蛋白质相互作用动力学，定量调查了突变诱导癌症发生的因果分子机制。

Zhao L，Sun T，Pei J，et al. Mutation-induced protein interaction kinetics changes affect apoptotic network dynamic properties and facilitate oncogenesis.［J］. Proceedings of the National Academy of Sciences of the United States of America，2015，112（30）：4046－54.

4. 利用非线性分岔分析在最近的研究中揭示了癌基因突变与细胞凋亡网络敏感参数的相关性。

Chen J，Yue H，Ouyang Q. Correlation between Oncogenic Mutations and Parameter Sensitivity of the Apoptosis Pathway Model ［J］. Plos Computational Biology，2014，10（1）：e1003451－e1003451.

图注：使用 DNA 损伤作为控制参数的 caspase3 的分岔图（黑点）。

绿点显示通过改变参数，分岔点将向右移动。如果继续增大

改变的倍数（红点），分岔点将继续向右移动，细胞凋亡的

状态可能在高程度 DNA 损伤下也不能达到

5. 发现了细菌在时空变化环境下趋化行为的新现象，并提出了基于个体分子机制的描述群体行为的平均场模型。

Zhu X，Si G，Deng N，et al. Frequency-dependent Escherichia coli chemotaxisbehaviors［J］. Physical Review Letters，2012，108（12）：277－284.

Si G，Wu T，Ouyang Q，et al. Pathway-based mean-field model for Escherichia coli chemotaxis.［J］. Physical Review Letters，2012，109（4）：1－5.

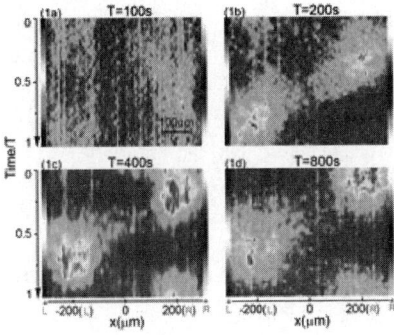 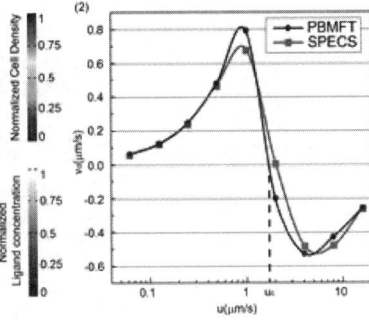

图1　　　　　　　　　　　　　　图2

图 1a ~ 图 1d　振荡浓度环境中不同周期下细菌密度的时空分布，细菌

行为依赖于信号的频率（来源自 Phys. Rev. Lett. 108，128101（2012））

图 2　基于分子机制的新模型预测在行波浓度环境下，细菌的

群速度随波速变化而改变：当波速大于 uc 时，趋化速度将反向

（来源自 Phys. Rev. Lett. 109，048101（2012）

大国创新

——创新驱动发展的中国模式和国际经验

赵 刚

一、中国离创新型国家还有多远

（一）中国科技水平与科技强国差距正逐渐缩小

进入 21 世纪以来，中国在科技领域的进步可谓有目共睹，甚至于在一定程度上引起了西方国家的忧虑和恐慌。2005 年年底，美国哈特森研究所（Hudson Institute）发布报告《中国向前跳了一大步》，抛出了科技版的"中国威胁论"，指出中国在科技及军事等方面已取得很大进展，开始缩小与美国的差距。2012 年 11 月，《联合国教科文组织科学报告》（中文版）指出，"十一五"期间，中国研发支出以年均 20% 的速度增长，成为推动亚洲研发支出增长的主要力量，中国的科技发展水平与世界科技强国的差距正在逐渐缩小；同时，中国在研究人员的绝对数量方面即将超过美国和欧盟。2014 年 3 月，汤森路透知识产权与科技事业部发布《G20 科研与创新表现》研究报告，基于过去 10 年间发表的 SCI 论文和申请德温特专利的数据，对 G20 国家在科技和创新方面的绩效进行了分析，认为从科研论文及其引文、专利情况来看，中国在科研与创新方面取得了长足进步，同发达国家（集团）的差距逐渐缩小（如表 1 所示）。2015 年 7 月，麦肯锡全球研究院发布研究报告《中国创新的全球效应》，通过对全球 2 万多家上市公司研究发现，中国企业在需要客户中心和效率驱动创新的领域优势最大，而在依靠科学研究和工程技术创新的行业差距最大；并指出，中国已具备成为全球创新领导者的潜力，如果支持创业的相关政策到位，鼓励在更多行业开展市场化竞争，吸引更多科学人才来华，中国就有希望将在研发支出、博士人数、专利数量的领先优势转化为在主要创新领域真正的成功。

表 1 科研与创新的国际比较

国家	中国	欧盟	德国	英国	日本	美国	数据来源
人口（亿）	13.538 (2012)	5.079 (2012)	0.804 (2012)	0.632 (2011)	1.267 (2012)	3.167 (2013)	
GDP（PPP）（billion $）	12 405 (2012)	15 821 (2011)	3 197 (2012)	2 316 (2012)	4 779 (2013)	15 685 (2012)	IMF

续表

国家	中国	欧盟	德国	英国	日本	美国	数据来源
GERD (billion 当前 PPP)	208.2 (2011)	320.5 (2011)	93.1 (2011)	39.6 (2011)	146.5 (2011)	415.2 (2011)	MSTI, OECD
GERD/GDP (%)	1.84 (2011)	1.94 (2011)	2.88 (2011)	1.77 (2011)	3.39 (2011)	2.77 (2011)	MSTI, OECD
BERD（企业）/GDP（%）	1.36 (2011)	1.02 (2010)	1.84 (2010)	0.79 (2011)	2.59 (2011)	1.66 (2011)	MSTI, OECD
研究人员（FTE）（万）	131.81 (2011)	159.56 (2010)	32.80 (2010)	26.23 (2011)	65.67 (2011)	141.26 (2007)	MSTI, OECD
每千人劳动力中研发人员	3.67 (2011)	10.72 (2011)	13.32 (2011)	11.34 (2011)	13.20 (2011)	N.A.	MSTI, OECD
2003 论文总数（占比）	47 937 (5.6%)	328 034 (38.5%)	70 912 (8.3%)	74 460 (8.7%)	77 161 (9.1%)	281 503 (33%)	TR
2012 年论文总数（占比）	178 716 (14%)	453 340 (35.5%)	95 192 (7.5%)	99 237 (7.8%)	74 401 (5.8%)	354 269 (27.8%)	TR

来源：汤森路透知识产权与科技事业部《G20 科研与创新表现》报告，2014.4

在国内，2014 年 6 月，科学技术部部长万钢就实施创新驱动战略、增强我国科技实力接受专题采访时指出，我国先后动员 8 000 多名中外专家开展了中长期科技规划、国家重大科技专项和中外技术竞争的调查工作，在参与调查的 10 个领域 1 149 项技术中，195 项（17%）已经达到国际领先水平，355 项（31%）与国际先进水平同步或相差不大，还有 599 项（52%）技术与国际先进水平存在差距，处于跟踪阶段，94% 的技术与国际领先水平的差距在缩小。2015 年 1 月，万钢部长在全国科技工作会议上指出，中国科技实力迈进"跟跑""并跑""领跑"三"跑"并存阶段；在一些科技领域已跻身世界前列，某些领域正由"跟跑者"变为"并跑者"，甚至是"领跑者"。中国科技进步的指标值如表 2 所示。

表 2　中国科技进步的指标值

研发基础	√ 全时研发人员总量达到 380 万人年，位居世界第一 √ 五年来，国家科技计划支持千人计划、万人计划项目经费累计近 390 亿元 √ 每万名就业人员中研发人员数量达 49.2 人年 √ 国家重点实验室达 401 个
创新创业环境	√ 科技企业孵化器超过 1 600 家，在孵企业 8 万家，吸纳大学生创业近 15 万人，吸纳就业人数超过 175 万人
企业创新	√ 全国高新技术企业超过 6.8 万家 √ 企业研发支出占全社会研发支出比重达 76% √ 企业研发人员占我国研发人员总量达 77% √ 企业发明专利超过国内有效发明专利总量 55% √ 国家科技进步奖获奖项目企业参与的占 76.3%，企业作为第一完成单位的占 40%，首次超过高校位居第一
科技金融	√ 全国科技支行达到 174 家 √ 科技型中小企业创业投资引导基金达 30 多只 √ 创业投资基金、天使投资基金近百只 √ 中小企业技术创新基金阶段参股 15 亿元，参股 42 家创投机构，入资规模超过 92 亿元 √ "新三板"挂牌企业突破 1500 家
重大科技成果	√ 天河二号连续四次居世界榜首 √ 北斗导航广泛服务国土、测绘、交通、救灾等领域，高分二号推动民用遥感达到亚米级高分辨率 √ 快舟二号成功升空 √ 深水钻井平台在南海测试获得高产油气流 √ 杂交水稻百亩均产突破 1 000 公斤 √ 高铁等重大技术装备走向世界
高技术产业	√ 利润总额 7 234 亿元，增幅比其他制造业平均水平高 11.5% √ 国家高新区达 115 家，总收入达 23 万亿元

来源：科学技术部万钢部长在 2015 年全国科技工作会议上的工作报告《主动适应新常态 加快实施创新驱动 推动科技改革再上新台阶》

（二）中国科技领域仍存在一些比较明显的短板

1. 基础研究投入少

美国在基础研究的巨大投入奠定了它在世界基础研究领域的超级领先地位，2011 年达到 743 亿美元，在全球遥遥领先，其投入总量远高于全球其他任何国家，占其 R&D 总支出的 17.3%；日本也非常重视基础研究投入，2011 年达到 180 亿美元，位居全球第二，占其 R&D 总支出的 12.3%；法国的基础研究投入总量全球第三，为 131 亿美元，占其 R&D 总支出的比例高达 25.3%。如表 3 所示。

表 3　2011 年 R&D 总支出前 7 国家基础研究总支出及

占 R&D 总支出的比例

（单位：亿美元，按购买力平价（PPP）汇率换算）

国家	R&D 总支出（PPP）	基础研究总支出（PPP）	占比（%）
美国	4 291	743	17.3
中国	2 082	99	4.7
日本	1 465	180	12.3
德国	931	NA	NA
韩国	599	108	18.1
法国	519	131	25.3
英国	396	43	10.8

数据来源：Science and Engineering Indicators 2014.

相对而言，中国基础研究经费投入较少，2011 年为仅为 99 亿美元，仅占我国 R&D 总支出的 4.7%，投入总量仅相当于美国的 13.3% 和日本的 55.0% [1]。

2. 专利质量相对不高

根据世界知识产权组织发布的 2014 年《世界知识产权指标》报告，2013 年全球共提交了约 257 万件专利申请，其中，中国 825 136 件，占全球总量的 32.1%；美国 571 612 件，占全球总量 22.3%；日本 328 436 件，名列第三；而欧洲专利局在全世界的份额降至 5.8%，另外，2013 年全球共有有效专利约 945 万件，其中美国约 238.8 万件，日本约 183.8 万件，中国约 103.4 万件。

但是，中国的发明专利申请受理量在 3 种专利中长期占比不高，2013 年刚刚超过 1/3。发明专利申请授权率也较低。2013 年国内发明专利申请量达 82.5 万件，但同年的授权量仅为 20.8 万多件，只占到申请量的约 1/4；国内有效发明专利中，维持年限 5 年以下的占 55.3%，有效期超过 10 年的只占 5.5%，远低于国外 26.1% 的占比。

---

① 贺飞. 世界格局下的中国科研发展态势. http：//blog. sciencenet. cn/home. php？mod = space&uid = 1015

3. 科技论文影响力有待提高

根据中国科学技术信息研究所发布的 2014 中国科技论文统计，2004 年至 2014 年（截至 2014 年 9 月）中国科技人员共发表国际论文 136.98 万篇，排在世界第 2 位，比 2013 年统计时增加了 19.8%，位次保持不变；论文共被引用 1 037.01 万次，排在世界第 4 位。尽管中国平均每篇论文被引用 7.57 次，比上年度统计时的 6.92 次提高了 9.4%，但世界平均值为 11.05 次/篇，比上年度统计时的 10.69 次提高了 3.4%。可见，中国平均每篇论文被引用次数与世界平均值还有不小的差距。

根据中国科学院文献情报中心发布的《中国基础研究国际竞争力蓝皮书 2015》，2013 年中国以论文第 2 的世界位次获得了引文世界第 7 的位次，以 15.9% 的论文世界份额收获了 5.3% 的引文世界份额，产出了 9.6% 世界份额的重要成果。上面数据表明：中国以相对较多的投入（论文）获得了相对较少的产出（引文）。

4. 原创能力薄弱

2014 年 6 月，科学技术部部长万钢就实施创新驱动战略、增强我国科技实力接受专题采访时指出，根据评估结果分析，我国基础研究成果形成优势技术的能力比美、日、德等发达国家低25%～30%，71%的领先技术仍处于实验室（31%）或中试阶段（40%），而技术领先国家超过70%的技术已处于产业化阶段。这组数字表明我国从知识、技术到产品、最终到市场的原创能力，与发达国家还有较大差距，特别是企业原始创新能力是"短板"。

2015年7月，麦肯锡全球研究院资深董事华强森在发布《中国创新的全球效应》时指出，中国的经济增长依靠的主要是"汲取创新"模式，即通过大量吸收并改良国际先进的科技、最佳实践和知识来追赶领先国家，中国需要加快从"汲取创新"到"领导创新"的转变，以实现更多的突破性创新，从而在全球市场上展开竞争。

（三）中国的创新能力在全球排名处于第二梯队

1. 欧洲工商管理学院

2014年7月，欧洲工商管理学院联合美国康奈尔大学、世界知识产权组织发布了《2014年全球创新指数报告》。该指数设有机构、人力、研究、基础设施、市场、企业成熟度、知识、技术和创新等参数，采纳了143个经济体的81不同指标（如图1、图2所示）。

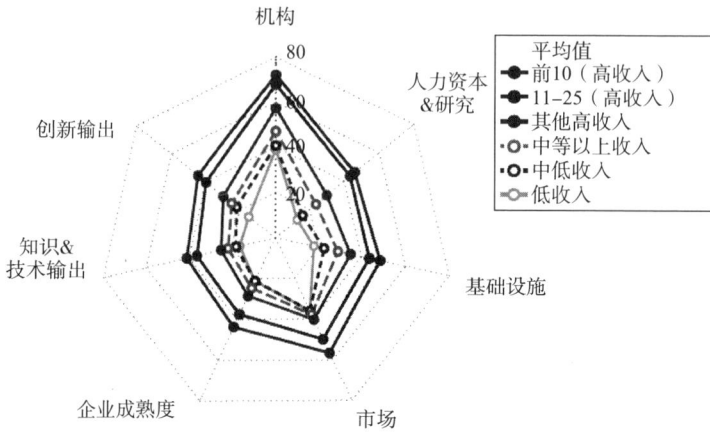

图1 全球创新指数参数及平均值

国家/地区	GII 2014		Input Sub-Index		Output Sub-Index	
	Rank	Interval	Rank	Interval	Rank	Interval
瑞士	1	[1, 3]	7	[6, 9]	1	[1, 3]
英国	2	[1, 3]	3	[2, 5]	4	[1, 4]
瑞典	3	[1, 3]	6	[3, 6]	3	[1, 3]
芬兰	4	[4, 5]	5	[2, 8]	6	[5, 6]
荷兰	5	[4, 6]	11	[10, 14]	2	[2, 4]
美国	6	[5, 7]	4	[3, 6]	7	[7, 11]
新加坡	7	[6, 8]	1	[1, 1]	25	[21, 26]
丹麦	8	[7, 9]	9	[7, 10]	12	[8, 13]
卢森堡	9	[8, 13]	21	[18, 23]	5	[5, 6]
香港(中国)	10	[9, 16]	2	[2, 6]	24	[20, 28]
爱尔兰	11	[9, 14]	12	[10, 17]	11	[9, 14]
加拿大	12	[11, 17]	8	[6, 9]	20	[18, 26]
德国	13	[9, 14]	19	[17, 19]	8	[7, 9]
挪威	14	[12, 17]	14	[11, 18]	14	[12, 17]
以色列	15	[11, 20]	17	[11, 21]	13	[11, 16]
韩国	16	[11, 17]	16	[11, 17]	15	[11, 15]
澳大利亚	17	[14, 17]	10	[10, 12]	22	[19, 25]
新西兰	18	[17, 19]	13	[12, 19]	18	[17, 22]
冰岛	19	[17, 22]	24	[23, 26]	9	[7, 15]
奥地利	20	[18, 20]	18	[15, 20]	21	[19, 23]
日本	21	[20, 23]	15	[13, 16]	27	[26, 31]
法国	22	[20, 23]	20	[19, 21]	26	[20, 25]
比利时	23	[23, 25]	22	[21, 25]	23	[21, 25]
爱沙尼亚	24	[21, 24]	23	[21, 25]	19	[15, 20]
马耳他	25	[25, 27]	33	[30, 35]	10	[9, 13]
捷克	26	[24, 26]	27	[26, 29]	17	[15, 18]
西班牙	27	[26, 27]	26	[23, 26]	28	[27, 29]
斯洛文尼亚	28	[28, 29]	28	[27, 29]	31	[29, 31]
中国	29	[28, 31]	45	[34, 53]	16	[14, 23]
塞浦路斯	30	[29, 35]	31	[29, 36]	34	[33, 34]

图2 2014全球投入/产出创新指数排名 &90%浮动范围

结果显示，中国香港排在第 10 位，中国内地排在第 29 位。中国在创新领域的综合表现明显超出高收入经济体的平均水平。而且，与其他金砖国家相比，中国的创新能力正在快速提高，未来几年在榜单中的排名有望进入前 10。

从总体排名来看，高收入经济体占据了排行榜前 25 位。美国于 2009 年占据榜单的首位，当前排名为第 6 位。2007 年美国曾排名第 1 位，2010 年其排名骤降至第 11 位，部分原因在于美国经济受到金融危机的拖累。在中等收入经济体中，中国、巴西、印度是创新领域的领头羊。在低收入经济体中，撒哈拉以南非洲国家具有良好表现和大幅进步。中等收入经济体在创新能力方面正在缩小与高收入经济体之间的差距。

2. 彭博社

2015 年 1 月，彭博社网站发布全球创新指数，列出了世界创新国家前 50 名。该指数通过对全球超过 200 个国家包括依据 6 个不同类别对国家进行排名，包括研发经费占国内生产总值的比例、生产人均增值、高科技公司数量、高等教育人数、研究人员数量以及专利数量 6 项指标综合分析，对全球前 50 个国家的综合创新能力进行排名发布（如图 3 所示）。

结果显示，处于前 10 位的分别是韩国、日本、德国、芬兰、以色列、美国、瑞士、新加坡、法国和英国。中国名列 22 位，中国香港位列 34 位。

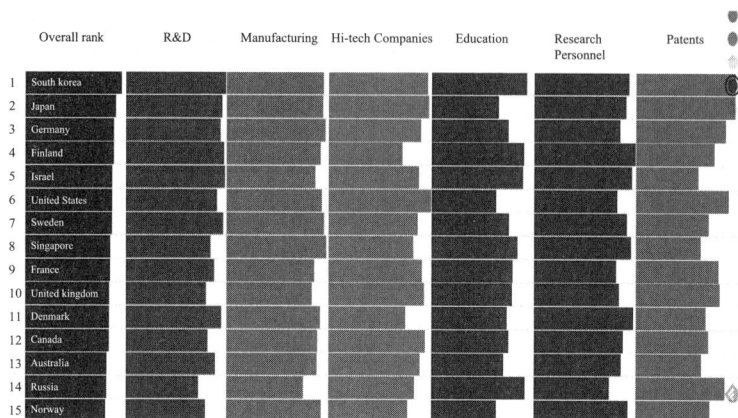

图3 彭博社全球创新排名

3. 麻省理工学院

2014年5月，美国麻省理工学院和英国《自然》杂志公布世界各国综合科技实力绿皮书，详细概述了当今各国和各地区的主要经济体在各领域的科技状况和影响力，主要的调查和研究领域集中在地球科学、空间科学、环境科学、生物和生命科学、工程理学、高新技术、现代制造、高分子物理、医药学和军工技术十大方面。

按照最新的科技实力排名办法，大致分为五级：

第一级，核心，美国。

第二级，发达，英国、德国、法国、日本。

第三级，登堂入室，芬兰、俄罗斯、意大利、以色列、加拿大、澳大利亚、挪威、韩国、捷克等中等发达国家。

第四级，在大门口，中国、印度、墨西哥、南非等发展中国家。

第五级，落后，其余发展中贫穷国家都在此列。

4. 中国科学技术发展战略研究院

2015 年 7 月，中国科学技术发展战略研究院发布了《国家创新指数报告 2014》，选用 R&D 经费投入占全球 98% 以上的 40 个国家作为研究对象，从创新资源、知识创造、企业创新、创新绩效和创新环境 5 个方面进行创新能力评价。

研究显示，2013 年全球创新格局未发生明显变化，入围全球前十强的国家与上年完全相同。前 5 位国家的排名保持不变，依次为美国、日本、瑞士、韩国和以色列。丹麦、瑞典、荷兰、德国、芬兰分列第 6 至 10 位（如图 4 所示）。

中国国家创新指数排名第 19 位，与上年持平，在 40 个国家中处于第 2 梯队，指标得分为 68.4。中国创新能力大幅超越处于同一经济发展水平的国家。2013 年，中国人均 GDP 刚超过 6800 美元，在 40 个国家中仅高于印度和南非（如图 5 所示）。但是，中国创新指数得分已接近人均 GDP 在 5 万美元左右的欧洲国家。金砖国家中，俄罗斯、南非均比上年下降 1 位，分列第 33 和第 36 名；巴西和印度的排名不变，分列第 38 和第 39 位。

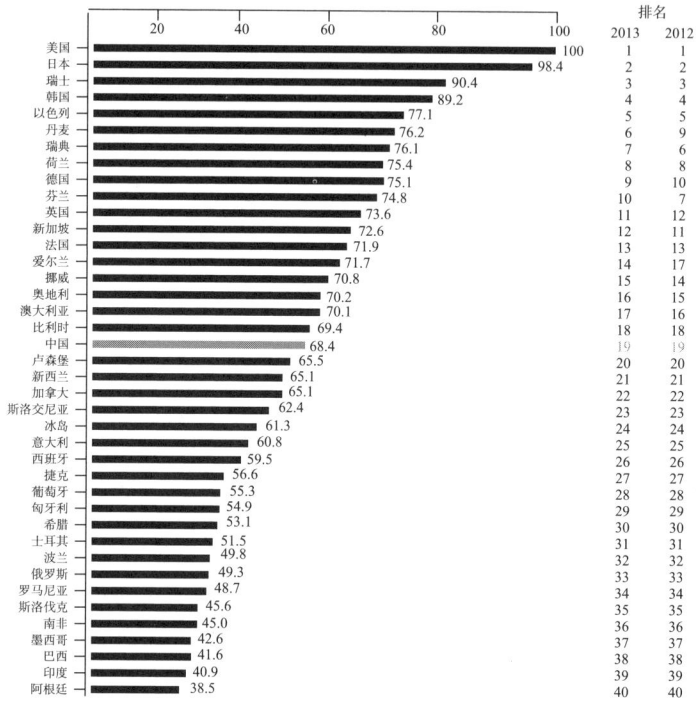

图4 《国家创新指数2014》各国得分及排名

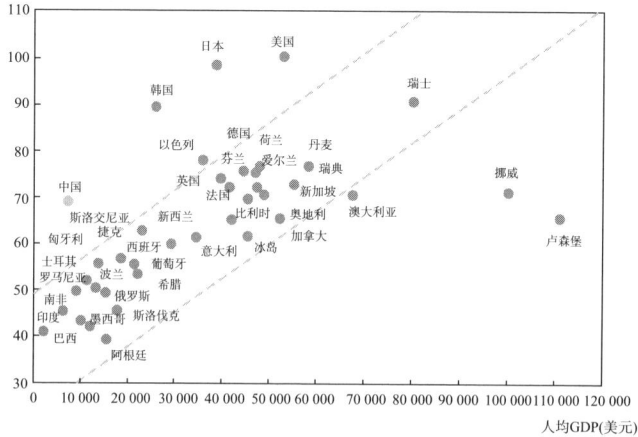

图5 国家创新指数与人均GDP关系分布图

（四）中国政府加快了建设创新型国家的步伐

当前，世界公认的创新型国家有 20 个左右，包括美国、日本、芬兰、韩国等。这些国家的共同特征是：创新综合指数明显高于其他国家，科技进步贡献率在 70% 以上，研发投入占GDP 比例一般在 2% 以上，对外技术依存度指标一般在 30% 以下。以这些国家为目标，以上述特征为导向，中国政府形成了建设创新型国家、实施创新驱动发展战略的思路，加快了建设步伐。

1. 世界各国纷纷强化创新战略部署

2008 年国际金融危机之后，世界经济复苏乏力，各国均瞄准了创新，将其作为拉动经济增长的动力。2009 年 9 月，美国总统执行办公室、国家经济委员会和科技政策办公室联合发布《美国创新战略：推动可持续增长和高质量就业》，从三个层面发挥创新潜力，促进新就业、新企业和新产业：一是注重国家创新基础架构建设，强化美国创新的基本要素；二是鼓励有效创业的竞争市场，为创业和风险投资营造成熟的大环境；三是推动国家重点项目取得突破①。2011 年 2 月，白宫发布《美国

———————

① 张介岭. 国外实施创新战略面面观（五）美国 以创新战略推动可持续增长. 经济日报 . 2009. 12. 2（16）.

创新战略：确保我们的经济增长与繁荣》报告，对 2009 年提出的创新战略进一步深化与升级，强调要夯实创新基础、培育市场环境、突破关键领域。

2010 年 3 月，欧盟公布了"欧洲 2020 战略"。根据该项计划，欧盟在未来十年内将重点关注科技创新、研发、教育、清洁能源及劳动力市场自由化。欧盟确立了三大发展重点：实现发展以知识和创新为主的智能型增长，实现以发展绿色经济和提高能源使用效率为主的可持续增长，实现以提高就业水平、消除贫困和加强社会凝聚力为主的包容性增长。设定了五大量化目标：到 2020 年，20～64 岁适龄人群就业率由目前的 69% 提升至 75%；研发投入占欧盟总体 GDP 比重由 1.9% 增加至 3%；二氧化碳排放量在 1990 年基础上削减 20%，可再生能源占最终能耗来源的比重达到 20%，能耗下降 20%；削减贫困人口 2 000 万左右。还提出了七项配套发展计划："创新联盟"计划、"青年人流动"计划、"欧洲数字化议程"、"能效欧洲"计划、"全球化时代的产业政策"计划、"新技能和就业议程"、"欧洲消除贫困平台"计划。

日本在推动创新方面也不甘落后。2009 年出台《数字日本创新计划》，逐步进入科学技术立国与战略调整阶段。2010 年 5 月，日本政府着眼于今后 10 年间的发展，又公布了第四期科学技术基本计划纲要（草案），并把重点放在"绿色"（环境、能源）和"生活"（健康）领域，提出要以技术革新为重点，提高潜在增长力。2014 年 5 月，日本政府发布《科学技术创新综合战略 2014——为了创造未来的创新之桥》，认为"科学、技术与创新"是日本迈向未来的"救命稻草"与"生命线"，将该国最高科技决策机构——内阁府的"综合科学技术会议"改组为"综合科学技术创新会议"，将其作为司令部，须在权限和预算方面发挥迄今为止最强的推动作用，及时实施前瞻性、机动性和跨部门的引导政策；与相关领导部门（日本经济再生本部、规制改革会议等）和科技创新相关总部组织加强合作，消除部门条块分割，加强产官学合作，推动基础研究向产业化迅速转化。

2. 中国确立了建成创新型国家的目标

2006 年 1 月，全国科技大会上宣布了中国未来 15 年科技发展的目标：2020 年建成创新型国家，使科技发展成为经济社会发展的有力支撑。中国科技创新的基本指标是，到 2020 年，经济增长的科技进步贡献率要从 39% 提高到 60% 以上，全社会的研发投入占 GDP 比重要从 1.35% 提高到 2.5%。

实施创新驱动发展战略是建设创新型国家的必然要求。为此，2012 年 11 月，党的十八大明确提出"科技创新是提高社会生产力和综合国力的战略支撑，必须摆在国家发展全局的核心位置"，强调要坚持走中国特色自主创新道路、实施创新驱动发展战略。

3. 中国政府高度重视创新型国家建设

2014 年 1 月，李克强总理在 2013 年度国家科学技术奖励大会上指出，中国正处于建设创新型国家的决定性阶段，并提出四方面具体要求，要促进科技创新与经济社会发展深度融合，要通过深化改革健全技术创新市场导向机制，要把发挥人的创造力作为推动科技创新的核心，要汇聚全社会建设创新型国家的强大合力。

2014 年 6 月，习近平总书记在出席中国科学院第十七次院士大会、中国工程院第十二次院士大会时强调，要坚定不移走中国特色自主创新道路，坚持自主创新、重点跨越、支撑发展、引领未来的方针，加快创新型国家建设步伐。

2015 年 3 月，中共中央、国务院印发《关于深化体制机制改革加快实施创新驱动发展战略的若干意见》指出，面对全球新一轮科技革命与产业变革的重大机遇和挑战，面对经济发展新常态下的趋势变化和特点，面对实现"两个一百年"奋斗目标的历史任务和要求，必须深化体制机制改革，加快实施创新驱动发展战略。国家将从八大方面 30 个领域着手，推动创新驱动发展战略的落地，包括营造激励创新的公平竞争环境，建立技术创新市场导向机制，强化金融创新的功能，完善成果转化激励政策，构建更加高效的科研体系，创新培养、用好和吸引人才机制，推动形成深度融合的开放创新局面，加强创新政策统筹协调等。并提出目标，到 2020 年，基本形成适应创新驱动发展要求的制度环境和政策法律体系，为进入创新型国家行列提供有力保障；创新驱动发展战略真正落地，进而打造促进经济增长和就业创业的新引擎，构筑参与国际竞争合作的新优势，推动形成可持续发展的新格局，促进经济发展方式的转变。

二、中国的科技体制改革成效为什么低下

（一）院士制度异化导致弊端丛生

中国科学院院士和中国工程院院士代表着中国科技的最高水平，是中国在科学、技术和工程等领域的最高学术荣誉称号。23 位"两弹一星"功勋奖章获得者和一年一度的国家最高科技奖获得者基本上都是两院院士，中微子物理、高温超导、量子反常霍尔效应、纳米科技等基础科学研究以及超级杂交水稻、高速铁路、载人深潜、探月工程等重大工程科技成果的背后也到处可见两院院士的身影。院士群体的杰出代表围绕国民经济和社会发展中的重大问题组织开展一系列具有战略性、前瞻性的研究，为中国科技创新做出了重大贡献。

截至 2014 年 6 月，中国已有 743 名中国科学院院士和 802 名中国工程院院士。中国科学院设有 6 个学部，现共有院士 743

人，外籍院士 71 人。中国工程院设有 9 个学部，现共有院士 802 人，外籍院士 42 人。

但是，院士制度也饱受诟病。近年来，学术界尤其是不少院士也屡屡对院士制度提出质疑，认为需要进行重大改革。长期担任中国科学院院长、曾任中国科学技术协会主席的周光召院士曾指出，目前很多院士都七八十岁了，几乎当上院士后没有什么新的成绩。裘法祖院士曾表示："科学界是个最要不得权威的领域。现在把院士抬这么高，塑造成权威，对研究不利，对年轻人不利。"2013 年公布的《中共中央关于全面深化改革若干重大问题的决定》，点到了院士制度改革，提出要"改革院士遴选和管理体制，优化学科布局，提高中青年人才比例，实行院士退休和退出制度"。

1. 院士学术造假

院士学术造假在社会上造成极其恶劣的影响。例如，2003 年，浙江大学药学院李连达被评选为中国工程院院士，2004 年出任浙江大学药学院院长。2009 年 11 月、12 月，浙江大学校长接连收到两封来自全欧中医药联合会中药特别专家小组的祝国光教授关于李连达院士论文造假的信。后来，人民网也跟踪报道，指出中国工程院院士、中国中医研究院首席研究员、浙江大学药学院院长李连达领衔的研究小组，在国际、国内多家著名医学杂志上采取剽窃、编造实验数据、一稿多投等手段，发表"学术论文"13篇,以骗取国家科研经费。

2005年,经7名院士推荐,王正敏教授被增选为中科院院士。2012年初,王正敏的学生兼前任助手王宇澄向复旦校方提交了一份关于自己导师涉嫌学术造假的举报材料,表示王正敏至少57篇论文涉嫌抄袭,还"克隆"国外"人工耳蜗"样机冒充自主研发。2014年1月2日,央视以"院士造假遭举报事件真相"为题,对该事件进行调查,将这起持续两年的举报推向了舆论最高峰。2013年10月,7名院士推荐人中有4位向中科院递交联名信,列举了王正敏涉嫌论文造假的内容,包括"将个人专著《耳显微外科》中的大部分内容拆分成14篇论文在学术杂志上发表""把43篇一般性文章冒充正式研究论文放入院士申报材料"等。

2. 院士遴选受非学术因素干扰

中国科学院院士叶大年曾指出:"以前部委、地方、企业推荐的候选人占了相当比例,掺杂的行政意志、各种利益比较多。"如铁道部副部长孙永福在任上被选为中国工程院工程管理学院士,当选理由是其领导了青藏铁路建设,对在冻土层上修建铁路的科研理论做出了贡献,这一理由难以让人信服。与此同时,一些做出过杰出贡献却没有获评院士的却大有人在。

例如,中国著名数学家侯振挺获得了1978年英国皇家学会戴维逊奖,是中国第一位获此殊荣的数学家,其研究成果被国际数学界称为"侯氏定理"。然而，尽管在国际上名声响亮，身在长沙铁道学院（现中南大学）的他几次参选中国科学院院士，都没能够获选。

2015 年诺贝尔生理学或医学奖揭晓，中国科学家屠呦呦获奖，更是在舆论界引发了"院士评选机制"的大讨论。屠呦呦多年从事中药和中西药结合研究，突出贡献是创制新型抗疟药——青蒿素和双氢青蒿素，在获得诺贝尔奖之前屠呦呦没有得到任何国内的重要认可，没有大奖、没有科学院院士、工程院院士荣誉称号。事实上，早在 2011 年 9 月，屠呦呦就凭借青蒿素的研究成果获得了医学界的诺贝尔奖——拉斯克临床医学奖。然而，在当年进行的院士评选中，屠呦呦再次落选。

除此之外，中科院上海系统所研究员李爱珍、北京大学生命科学院教授饶毅等等都是各自领域杰出的科学家，却因为默默工作、不善交际、敢讲真话等原因与院士无缘。

3. 院士称号功利属性增多

庞大院士集团在整个中国学术界、高教界和工程技术界，形成了盘根错节的学术—科研既得利益集团，极不利于学术创新和发明创造①。一是每年通过国家自然科学基金委员会、科

---

① 杨玉圣. 由"王正敏造假"反思中国院士制度［N］. 长江商报. 2014 - 1 - 12.

技部、教育部、中科院等投入数以亿计的科研经费，相当一部分流入院士集团。二是在科技经费分配、重大课题项目立项、科技成果鉴定、科技奖励、职称职务升迁、科技规划制定和评议、学科与机构评议等方面，院士们经常被各种权力机关、组织邀请主持或参加有关工作，以显示其权威性和科学性，加之从中央到地方的重视，科技界的权力有向院士集中的趋势①。《学习时报》曾披露：2012 年，"在 783 名中国工程院院士中，共有 5610 个兼职，人均兼职 7.2 个。"三是院士在医疗保健、乘车、坐飞机方面享受副部级待遇，还配有专车和大宅，而且他们是不退休的顶级专家，一旦评上待遇终身不变，由此导致一些人不择手段争夺院士称号。

（二）科研经费申请

科学技术部党组书记、副部长王志刚在 2015 年全国科技工作会议上做总结讲话时指出，目前我国科技体制机制存在一些不利于创新的障碍，如成果转移转化不畅、协同创新的生态尚未有效建立、科技评价激励体系不适应等。

中国科学院院长白春礼表示，在中观层面上，科研院所体制机制和科研活动的组织管理方式，总体上仍然沿袭着长期以

---

① 王扬宗. 院士制度改革：让院士头衔回归本位［N］. 人民日报，2015 - 3 - 17（07）.

来的固有模式，成为制约创新能力提升的根本性因素。从这个意义上说，科研院所体制机制改革和科研活动组织模式创新，是当前深化科技体制改革的关键。

去年年底，国务院印发的《关于中央财政科技计划（专项、基金等）管理改革的方案》对中央财政科技计划管理改革做出全面部署，明确要求建立部际联席会议制度。用大约3年时间，打破各部门利益藩篱，破除条块分割，优化整合形成新的5大类科技计划（专项、基金）布局体系。这一重大举措，被外界评价为"动自己的奶酪，啃最硬的骨头"。

——2月25日，《促进科技成果转化法》修正案草案提交全国人大常委会初次审议，实施近20年的《促进科技成果转化法》迎来首次大修，为科技单位和科研人员带来利好。根据修正案草案，科技成果转让无须审批，转化收益全部留归本单位，奖励金额上不封顶，下有保障。

——4月15日，国家科学技术奖励工作办公室发布《国家科学技术奖评审行为准则与督查暂行规定》，为科技奖评审戴上"金箍"，对评审组织者、评审专家、推荐者和评审对象等4类人员的31种不规范行为说"不"，真正为遏制科技造假、评奖腐败扎紧了制度的笼子。

——5月5日，中央全面深化改革领导小组第十二次会议审议通过《中国科协所属学会有序承接政府转移职能扩大试点工作实施方案》，会议指出，中国科协所属学会将有序承接科技评估、工程技术领域职业资格认定、技术标准研制、国家科技奖励推荐等适宜学会承接的科技类公共服务职能，政府职能进一步退后。

——5月初，财政部、自然科学基金委联合修订发布《国家自然科学基金资助项目资金管理办法》，遵循科学客观规律，实行与国际接轨的项目经费分配方式，一方面下放预算权限，取消劳务费比例限制，鼓励绩效奖励，为科研人员"松绑"，另一方面实行更严格的财务监管制度，"紧盯"经费用途，杜绝学术腐败。

2015年5月，中央全面深化改革领导小组第十二次会议召开，会议审议通过了《关于在部分区域系统推进全面创新改革试验的总体方案》《深化科技体制改革实施方案》等。

会议指出，在部分区域系统推进全面创新改革试验，是贯彻落实《中共中央、国务院关于深化体制机制改革加快实施创新驱动发展战略的若干意见》的重要举措。要紧扣创新驱动发展目标，以推动科技创新为核心，以破除体制机制障碍为主攻方向，开展系统性、整体性、协同性改革的先行先试，统筹推进科技、管理、品牌、组织、商业模式创新，统筹推进军民融合创新，统筹推进"引进来"和"走出去"合作创新，提升劳动、信息、知识、技术、管理、资本的效率和效益，加快形成我国经济社会发展的新引擎，为建设创新型国家提供强有力支撑。要加强政策统筹、方案统筹、力量统筹，支持试点区域发挥示范带动作用。

会议强调，为打通科技创新与经济社会发展的通道，最大限度地激发科技创新的巨大潜能，制定深化科技体制改革实施方案非常重要。要坚持问题导向，突出改革整体性，强调继承和发展，注重可操作性，聚焦制约科技创新和驱动发展的突出矛盾，统筹衔接当前和长远举措，明确分工、完成时限，把握节奏，分步实施，力争到 2020 年在科技体制改革的重要领域和关键环节上取得突破性成果，基本建立适应创新驱动发展战略要求、符合社会主义市场经济规律、科技创新发展规律的国家创新体系。

三、科技成果转化难的真实原因是什么

根据中国科学技术发展战略研究院《国家创新指数报告 2013》的统计数据，我国科技成果转化率仅为 10% 左右。

2014 年 6 月，科学技术部部长万钢就实施创新驱动战略、增强我国科技实力接受专题采访时指出，当前科技改革的重要任务之一是促进科技成果转化和产业化。在 2007 年《科技进步法》修订版中，明确规定财政支持科技项目的归属权为承担单位法人所有。这为企业成果转化打开了制度通道，企业技术交易日趋活跃。全国技术交易额从修订前的 2 300 多亿元，快速增长到 2013 年的 7 469 亿元，其中 80% 以上的技术成果是企业间交易的。中关村自主创新示范区尤其活跃，去年达到 2 400 多亿元，占到全国的近 1/3。

与企业科技成果转化相比，高校与科研院所成果转化还不顺畅，主要原因是科技成果的处置权和收益权界定不清。为解决问题，我们在中关村国家自主创新示范区进行了试点，积累了经验。2015 年启动的《科技成果转化法》修订工作，提出把科技成果的处置权、收益权归属于高校、科研院所等法人机构及相关的制度建议。与之相应，我们正在研究制定符合高校和科研机构特点的科技成果处置权、收益权管理办法，推动高校和科研机构建立技术转移工作机制，加快科研成果转移转化。

据教育部《中国高校知识产权报告（2010）》统计，中国高校的专利转化率普遍低于 5%。2013 年底，时任国家发改委副主任张晓强在"中国经济年会"上透露，我国的科技成果转化率仅为 10% 左右。

科技成果转化引起政府的高度重视。2014 年 7 月，国务院常务会议讨论"决定深化科技成果使用处置和收益管理改革试点"，通过改革允许科技人员拥有股权期权。距此 22 天前，李克强刚刚在两院院士大会上提出，"要把股权激励、科技成果处置权收益权改革等鼓励创新的政策和机制推广到更大范围"。2014 年 11 月，国务院常务会议又讨论通过《中华人民共和国促进科技成果转化法修正案（草案）》，将科技成果处置收益分配制度化。2015 年 6 月 4 日的国务院常务会议，李克强再次提及科技成果的问题，提出要将科技企业转增股本、股权奖励分期缴纳个人所得税试点推至全国。.

科技与创新，中国应急十余载

张　骥

前　言

近些年来，"应急"逐步走入了公众的视野，作为一个新生的名词，它总是伴随着灾难和突发事件而来。应急行业其实也并不完全是新生的行业，它的存在已经有几十年了，美国在1979年成立了联邦应急管理署（Federal Emergency Management Agency，FEMA），中国作为联合国的常任理事国，也是国际原子能机构的理事国，在1984年加入了国际核应急体系，同时也较早地建立了国家核应急的工作流程和管理制度。

真正出现能够达到国家层面的全灾害、全覆盖的应急响应体系，各国情况不同。美国是在2001年"九一一"事件之后，于当年年底成立的美国国土安全部（Department of Homeland Security，DHS），标志着美国在国家范围内的应急体系正式建立；中国则是在 2003 年春节发生的"非典"疫情之后，准备了两年时间，于 2005 年成立国务院应急管理办公室及各省、市应急管理机构，催生了国家整个应急体系、制度和管理方式的诞生。

一、应急行业是一个正在发展中的新兴行业

只有全面地了解一个行业之后才能谈创新，在与大家分享有关应急领域的创新心得前，我先来介绍一下国内的应急体系，以便于大家对"创新"方面能有更贴切的认知。

（一）关于中国的应急体系

2003 年"非典"过后，中国开始了以北京为代表的"城市应急体系"的建设。2005 年国务院成立国务院应急办和国务院应急管理专家组，正式拉开了全国应急体系"一案三制"的整体框架：应急预案（一案），应急机制、体制和法制（三制），标志着中国将"应急"作为新生行业的开端。

国务院应急办在成立后，立刻启动对国家应急体系建设的标准化研究。这是"十一五"的一个科技攻关课题——《国家应急平台体系关键技术研究与应用示范》，并在 2006 年启动编写"国家应急平台关键技术和建设标准""省级应急平台关

键技术和建设标准"以及"部门（部委）应急平台关键技术和建设标准"三大体系，作为当时 8 个技术参与研究单位的代表之一，我有幸参与了其中两个标准体系的研究和编制工作。

国务院相关领导亲自参与了中国应急体系"一案三制"和标准化的工作。2006 年全国六大类应急预案体系出台，即国家突发事件总体应急预案、国家专项应急预案、国务院有关部门应急预案、地方突发事件应急预案、各企事业单位应急预案以及重大活动应急预案。2007 年《中华人民共和国突发事件应对法》颁布执行，2008 年"应急平台标准化体系及典型示范"初见成效，并经受了汶川地震（同年 5 月）和北京奥运会（同年 8 月）的检验。可以说，2003—2008 年的 5 年间，在国务院应急办、各部委、各省市的应急管理部门、相关领导、专家直接参与努力下，中国的应急体系从无到有，取得了瞩目的成绩，奠定了我国应急行业发展和应急信息化建设在未来十年的发展方向。

近几年，随着国际、国内政治格局和社会发展的新变化，中国面临越来越严峻的复杂自然环境和社会隐患。自 2012 年以来，国家更加重视突发事件的应急管理和防灾减灾公共安全。2015 年 7 月 1 日颁布施行了新的《国家安全法》，对政治安全、国土安全、军事安全、文化安全、科技安全、网络安全、外空间安全等 11 个领域的国家安全任务进行了明确，第一次提出由中共中央、国务院、全国人大、人民解放军以及一切国家机关和武装力量、各人民团体、企事业单位和其他社会组织，共同承担维护国家安全的责任和义务。

在这样一个充满挑战和机遇的新兴行业里，为胸怀激情和理想的年轻人搭建了舞台。想要战胜灾害，我们需要更开阔的视野、创新的头脑和准确的行动。

（二）关于美国的应急体系

美国在 1979 年成立了联邦应急管理署（FEMA），主要用来应对地震等各类自然灾害（2003 年 FEMA 整体并入美国国土安全部（DHS））。2001 年美国成立国土安全部（DHS）后，至今已经具备了十多年的应急管理经验，在时间上，与中国应急体系的发展差别不大。美国在建设整个应急体系时，有以下 3 个结构作为应急体系的主要理论支撑，值得我们关注。

1. 美国国家突发事件管理系统（National Incident Management System，NIMS）

这个结构体系由国家应急响应框架（National Response Framework，NRF）、国土安全总统指令（Homeland Security Presidential Directives，HSPD）等一系列法规制度构成。该结构体系主要是规定国家在面对各种突发事件之后，应该如何救灾和处置，与我国"十一五"期间"一案三制"的研究以及启动的

《国家应急平台体系关键技术研究与应用示范》非常类似。美国的灾害应急管理很完善，它重点在于可满足政府多部门协同、资源的互联互通、信息的共享交换，通过预案和一系列的管理规定，使得各种突发事件出现后，政府能快速有效地进行处置。

2. 美国国家基础设施保护计划（National Infrastructure Protection Plan，NIPP）

该计划用于保护国家基础设施和关键资源。它的功能并不是在灾害的应急处置方面，而是针对灾害所威胁的重点地区——例如石油基地、输油管道、政府机构（如白宫、五角大楼）、核工厂、水坝、火车站和飞机场等这些一旦发生灾害就会损失严重的重要基础设施来进行保护。美国在全国范围内划分定义出16类"国家基础设施和关键资源"，NIPP实际上摆脱了以灾害为中心的研究方式，改为以受到袭击或受到威胁的主体目标为研究对象，提出了对国家基础设施需要保护的体系、目标要求、制度方法和相关的预案，我们有必要对NIPP深入了解一下。

①《国家基础设施保护计划（NIPP）》和美国国家突发事件管理系统（NIMS）虽然有交集，但是它们的侧重点不同，赋予的职责和日常维护也不同。例如，奥运会时期的场馆，它并不是一个长期的重点基础设施，只是在特定时期（奥运会召开

时期）才被视为重点的基础设施来保护，保障国际重大赛事的顺利进行。而 NIMS 不同，它关心在发生火灾、踩踏、暴恐、地震等灾害事件时，政府各部门应该怎么配合联动，尽快做好对这些灾害事件的处置。这样看来，我国颁布的《重大活动应急预案》有点类似美国的 NIPP，但 NIPP 的体系是长期存在的日常化、常规化管理。

②美国 2006 年第一次正式颁布了《国家基础设施保护计划（NIPP）》，2009 年做了版本升级并再次发布，到了 2013 年又推出了最新的版本。前两次版本改动不大，主要调整了基础设施的定义，使之更加合理，还有对各部门应急行动流程的微调。但是到了 2013 年的改版，变动却非常大，原因可能是因为美国国土安全部（DHS）要检验一下这个管理体系在经过 4 年的实践后，运行效率到底如何，确定的目标能不能真正达到。如果效果不理想，该用什么办法来弥补。在 2013 年的这版 NIPP 计划中，美国政府提出了"全面合作伙伴"概念，他们甚至从业务连续性管理（Business Continuity Management，BCM）上找到了灵感，提出了"国家连续性管理（National Continuity Management，NCM）"。

③NIPP 作为美国应急体系里的重要构成，其管理制度和管理方法值得引入中国。目前我们国内的时机尚不成熟，通过实践积累，未来可以实现理论突破。

3. 美国国土安全应急演练与评估系统（Homeland Security Exercise and Evaluation Program，HSEEP）

这是一个非常值得了解和借鉴的美国应急管理制度基础。HSEEP 不是孤立存在的，它和美国的国家应急准备目标（National Preparedness Goal，NPG）、国家应急演练计划（National Exercise Program，NEP）等政策制度紧密结合。作为一个系统，HSEEP 的体系目标和研究点是为了提高整个国家和国民（从政府部门、各大企业、军队到民众）的应急响应能力。通过灾害的情景构建，依靠多次、多灾种、多部门的应急演练和演练后的评估，完成应急主体"人"在识别风险、处置灾害、应急联动等方面的能力提升。

美国 HSEEP 系统在 2007 年发布了第一个版本，2013 年 4 月又推出了第二个版本。HSEEP 中明确规定了联邦各部门（以及各州和城市）每年应急演练的次数要求和内容要求，并于 2009 年在首都地区建设了国家应急演练仿真中心（National Exercise Simulation Center，NESC），由 FEMA 直接运行和管理。另外，在 HSEEP 演练计划中，设计的演练角色不仅包括应急官员、专家、政府多部门代表，还包括参与应急处置的公众个人、志愿者、NGO 组织、弱势人群（如残疾人、失明者）、少数民族人士、英语不流利人士以及动物（马、猫、狗等宠物）。

目前，美国已经在不同城市进行过上千人同时在线的计算机网络模拟仿真应急演练。在世界上，他们从理念到技术都是领先的。

（三）美国的应急体系架构为中国的应急行业发展提供了参照

在突发事件的应对方面，中国可参考美国以上的 3 个应急结构体系，把应急研究的理论落地。中国应急的下一个重要发展方向是需要通过实践来检验，并不断更新理论。在国家"十二五"应急体系发展规划中，提出了要加强应急演练和公共安全教育，各省市层面的应急体系规划中也都提到了要注重日常应急的宣传教育和培训演练。在当前"十三五"的规划里，国务院和各省市政府又再一次将应急培训演练作为工作重点提出来。工作需要抓手，打仗需要抓武器，如果把欧美先进的应急演练评估能力、提升计划和风险评估技术等引进中国，就可以更好地完成"十三五"规划中的任务，提升政府与全社会的日常应急能力。

在中国，应急近几年进入了新的阶段——从原来在突发事件发生后，灾害的处置以及处置的技术、装备、物资为主要建设的重点，向政府如何提高日常风险的研判能力和投入应急准备水平等方面转移，叫作"平灾结合，以平为主"，即以平时的建设为主。政府根据平时大数据的积累、风险的评估、方便简单的有效工具和手段，来提高自身日常的风险研判能力和应急能力。

看不到风险才是最大的风险。如果我们平时认识不到风险，那么在灾难事件来临时自然会手忙脚乱甚至处置不当。国家的应急已经走了十年，目前正面临着下一个十年的发展规划，"平灾结合"正是一个拐点，对国家、企事业单位和公共应急的能力提升都会有重大的启发。

二、应急已经不仅是国家层面的问题，全社会都需要严阵以待

自2015年以来，全球出现了很多灾难事件：国际上有巴黎的暴恐、比利时的机场爆炸、美国的奥兰多枪击案等；当跨年的钟声还未响起，中国的上海便出现了外滩踩踏事件，之后的东方之星沉船、深圳山体滑坡、天津的"8·12"滨海新区爆炸案等。随着经济的发展，世界将会产生越来越多不稳定因素，内忧外患造成了自然灾害、人为事件的发生。人类对于自然灾害的应对能力已经在不断地加强，但是对于人为的事故灾难，特别是恐怖分子的袭击，今后可能还会越来越多。除了战争，一个国家最大的损失和挑战都是来自于突发事件。

2015年联合国在日本召开了第三次国际减灾大会，秘书长潘基文和187个国家代表提出《2015—2030年全球减灾框架》，将是全世界各个政府、各个行业都需要接受的挑战。

首先，需要各个国家、各行业的领导者们首先深入了解各类灾害的机理，只有了解了才能更好预防灾害；其次在灾害来临时，要提高自身的处置能力，把损失尽量降低。未来特别是核武器、恐怖袭击、全球气候污染等人为的灾害危机，将会成为全球都需要面临的问题。

我国应急体系的规划将灾害分为4大类，40多个小类，400多个灾种，还有一些新的灾害和突发事件在不断涌现，而这些灾害的原理迫切需要我们进一步去研究。在灾害发生时，公众既是灾害的承受者又是处置者。未来的民用应急，一方面需要政府和各行业投入更多的精力并提高重视，另一方面需要公众在灾害发生时，具备应对的手段和应对的技能。一个国家的应急意识是很重要的，从商用应急到民用应急，不但要对灾害更加的了解，配备相应的救灾装备，还要加强日常的演练。

三、应急行业在发展时要不断地创新

（一）应急行业的创新可从以下 4 个方面入手

1. 标准

应急的创新是围绕标准来进行的，国际上有很多标准委员会和非政府组织（Non – Governmental Organizations, NGO）提出一系列的国际应急标准。例如，联合国人道主义事务协调办公室（UN Office for the Coordination of Humanitarian Affairs, UN OCHA），对于特大地震、洪水、泥石流等自然灾害，他们首先进行全球性的抢救和国际救援，并提出一系列灾难的应急救援标准；联合国开发计划署（United Nations Development Programme, UNDP）为国家的发展提供技术上的建议，可培训人才并提供设备，目前它在亚洲的重点工作领域为减少贫困、善治、能源与环境以及危机预防与恢复，UNDP 主要解决当城市发展到一定程度时，可持续发展的问题和解决方案，因此它会提出一系列城市的应急解决标准；联合国国际减灾战略（United Nations International Strategy for Disaster Reduction, UNISDR）是联合国系统中唯一完全专注于与减灾事务相关的实体，其工作包括保障减灾战略行动计划的执行，协调联合国体系内相关国家在减轻灾害风险、人道主义事务等领域的活动，并参与国际的防灾减灾标准制定工作。

还有一些国际 NGO 组织，如国际标准化组织（International Organization for Standardization, ISO）、国际电气和电子工程师协会（Institute of Electrical and Electronics Engineers, IEEE）、国际应急管理学会（The International Emergency Management Society, TIEMS）、美国国际应急管理者协会（The International Association of Emergency Managers, IAEM），都提出了关于各类灾害的

应急标准，并且还在不断地更新。

追踪国际标准，并积极关注适合中国国情的国际标准本地化内容，是应急行业创新工作中必备的素质。

2. 技术

除了标准之外，应急行业的创新还表现在技术的创新上。新技术的不断涌现，为行业的发展推波助澜。

美国的"九一一"事件和中国的"非典"在发生时，当时政府的应急平台主要是通过计算机网络技术、音视频技术、信息通信等作为技术构成的主要手段；那时候的视频会议、日常监控、应急信息的上传下达等，都是在应急平台上完成的，也是当时各国政府建立应急体系和搭建应急网络的主要手段。

到了2010年，随着物联网、传感器的发展，连同监测预警的信息系统、云服务、智能分析等技术，被国际、国内的政府应急平台陆续采用。近两年虚拟现实（VR）和大数据等技术方兴未艾，对政府平时的多部门应急演练、评估，城市风险识别和预警起到了作用。2016年被称为"VR元年"；2017年，VR很可能会应用在中国政府的应急平台上。

大数据（Big Data）可以帮助我们提升灾害出现之前的预警和灾害发生后的应急处置响应。一方面，我们可利用大数据对预警地区的气候、地理信息、物资、经济和人口情况、往年损失情况等进行分析；另一方面，通过大数据对各种灾害案例的分析，我们可预估到在未来灾害来临时的损失，帮助政府提前预警，提供防范的程度、救援需要的物资储备等信息。

技术从来都不是孤立的存在，能够把新技术最快地应用到行业上，就能更快地接近成功。新技术对行业的发展起到推动作用，帮助应急行业"如虎添翼"。

3. 模式

应急是国家管理的一个层面，因此它不能摆脱政治体系，国际一些先进国家的应急体系值得我们思考和借鉴。美国 1979 年成立联邦应急管理署（Federal Emergency Management Agency，FEMA），在 2001 年的"九一一"事件后又成立了国土安全部（Department of Homeland Security，DHS），是总统直属管理部门，比联邦部委高半级，目前有 20 多万人；日本的应急安全部门以首相为首，从中央、都道府县到市町村共三级响应；英国则以首相为首，建立了应对国家危机的机构"眼镜蛇（Cabinet Office Briefing Room A，COBRA）管理体系"，负责英国对内和对外的各类突发事件处理；俄罗斯由紧急状态部（EMERCOM）代表总统管理日常的各类紧急事务……这些模式对我国的应急体系建设会有启发。

我国的应急体系被称为"横向到边，纵向到底"。"横向到边"是指国务院下属的交通部、公安部、民政部、国土资源部、国家卫计委、中国气象局、中国地震局、国家海洋局等各垂直的行业，负责自己部门的应急预案，并且还会负责某个或多个专项的应急预案；"纵向到底"是国务院成立国务院应急办，协调整个国家的应急突发事件处置，各省有省应急办，各市有市应急办，县有县应急办等，主要是属地管理，对灾害处置时做综合协调，资源保障，对灾害处置后做恢复重建和评估总结。

除此之外，还有一些特殊城市值得研究，需要从中提炼出应急模式的共性。例如，南宁模式、上海模式、广东模式和北京模式等，主要是根据不同城市的灾情隐患、管理流程来决定应急管理模式上不同。沿海地区受海洋灾害影响，地震带上的城市受到地震灾害影响，不同工业化程度的城市受到的安全生产事故影响也不一样……这些不同城市的应急管理模式是由城市的风险管理来决定的。

模式是从个性到共性的一个总结。在应急行业的创新研究中，"模式是纲，纲举目张"。

4. 案例

应急体系的发展是通过案例来推动的。就像人不可能不生病，医生则是通过治疗疾病来提高医术的；一个国家也不可能没有突发事件，世界上发生的各类突发事件也给人类带来了新的课题和挑战。一个突发的事件就像硬币的两面，一方面检验现有的应急体系是否能应对处置，另一方面在事件之后，应急体系会相应调整，政府有针对性地进一步投入，对科技的发展也会产生积极的推动作用。

　　每当重大灾害发生过后，政府都会反思总结，并对相应的应急响应预案和相关机构做进一步的调整。美国在"九一一"事件后成立国土安全部，中国在"非典"后成立国务院应急办和地方政府的应急办。2008年汶川地震过后，我国立刻开始修正《国家地震应急预案》。在这里要特别提一下2005年美国经历的卡特里娜（Hurricane Katrina）飓风事件，被称为"美国人永远难忘的痛"！飓风不仅带来了2 000多人的死亡，还让灾区的秩序陷入混乱失控中。在新奥尔良受灾地区，大白天出现了抢劫、凶杀和强奸等案件，当地涌现了大量暴徒，在马路上与警察持枪对射，其中一天曾达到有十多名警察被枪击殉职，一百多名警察集体辞职的恶劣情景。当时美国的总统布什甚至下令7 000名士兵紧急赶赴受灾地区维持治安，美国的政府救灾体系受到了极大的挑战。但正是在卡特里娜飓风事件之后，美国修正了大量相关的应急预案，并出台了美国国家基础设施保护计划（NIPP）（2006年）、美国国土安全应急演练与评估系统（HSEEP）（2007年）两大应急基础结构体系及其技术体系。这些体制和技术的革新都是通过相应的突发事件来推进的。

　　全球面临的恐怖袭击和不安全事件也敦促了我国建立军政融合的应急应对体系。正是因为这些灾难不断，才带来了各国政府的总结与反思，促使国家和行业通过创新向更加全面的应急体系进步。

（二）如何进入创新的学习氛围

青年人投身新兴行业，要学习先进国家的经验和技术，借鉴国际的先进技术是有窍门的，如何才找到入门的诀窍？让自己进入一个良性的学习提升的轨迹？总结起来可以从以下 3 个方面入手。

1. 联合国的 UN 官网

在联合国的各成员国和各行业中，都会有一些专家学者或政府官员做前瞻性的研究工作，他们的报告有可能会出现在联合国下属的相关组织机构里。如果对这些分散的学者所研究的课题想要有进一步的了解，最快的办法就是登录到联合国 UN 的英文网站，找到其下属的各个委员会、分支机构等，你将会看到他们对该行业最新的研讨思路及研究成果。

2. 国际著名的高校或科学院

关注欧美、日本等发达国家的高校或科学研究院，如俄罗斯科学院、美国国家科学院、哈佛大学等，他们经常会推出对新行业相关的技术研究和一些有关应用研讨等方面的成果。这些研究报告大多数与技术紧密相关，跟踪一段时间就会发现，技术的研究往往离不开行业的应用，不少技术课题也是来自于他们国家的社会实践、社会难题和行业需求等技术层面的研究。

3. 加入新行业的国际非政府组织（Non – Governmental Organizations，NGO）

国际 NGO 组织在国际各行业的创新、推动和发展上都起到了积极的作用。NGO 组织的成员除了大学教授、研究人员外，还包括一些政府官员、专家、知名企业家和他们的研发团队。这些国际知名的 NGO 组织能够很好地整合"产、学、研、用"等各层面的资源，甚至可以完成某个产业链的环形。这些 NGO 组织不但为其行业的创新与落地提供了参考案例，也能让产业链的各个环节实现信息交流与合作的可能。

（三）如何才能拥有国际视野

青年人在即将投身于新兴行业时，需要拥有国际视野。如何才能拥有国际视野？在国际视野的开拓中需要具备以下的能力：

1. 学

国际交流首先要过语言文字关，流利地掌握英语的听说读写，只是具备了基本的能力。如果能掌握两门以上的外语，那么要恭喜你，在起跑线上你已经穿上了一双"飞人跑鞋"。另外，还需要具备较强的学习能力，保持对行业在国际上最新发展动向的敏锐嗅觉，才能让你在跑道上拥有更持久的体力。

一个新入门的研究学者如何对一个行业的发展方向展开研究呢？首先需要确定研究的目标，可以从上一节提到的 3 个入门方法中挑选——例如从联合国 UN 组织开始，这是向国际先进的专家学者靠拢的捷径。

我可以与大家分享一下自己在研究应急课题上的心得，希望给读者带来一些启发。当初在研究国内应急的标准化体系时，我们并没有国际标准化的应急体系可作为参考依据，但是我们发现有一些相关行业 NGO 组织已经在自己的标准体系中研究应急标准。例如国际结构化信息标准促进组织（Organization for the Advancement of Structured Information Standards，OASIS）是一个推进电子商务标准的发展、融合与采纳的非营利性国际化组织。自 1993 年成立，OASIS 已经发展成为由来自 100 多个国家的 600 多家组织、企业参与的国际化组织，组织的人数已经超过 5 000 人。它下设应急管理技术委员会（EMTC），对制定数据结构化标准体系中的应急管理方面来进行研究。OASIS 有很多行业分支，会在新兴行业里率先推出一些相关的标准，最初我就是从 OASIS 的应急管理技术委员会中接触到应急标准的。

学习国际标准可以向我们展开一个行业的全景图。任何行业在研究和发展伊始，都要建立标准。实际上，标准不是凭空而来，而是对一个行业的技术发展、行业的规范化管理带来无限的发展前景，起到巨大的推动作用时，由各个国家的研究机构、政府和 NGO 组织提出并搭建的。

我们在讨论国家卫生应急标准的研究时，就借鉴了不少 OASIS 组织的 EMTC 标准及美国医疗信息与管理系统学会（Healthcare Information and Management Systems Society，HIMSS）已经制定或正在征求意见的卫生应急的标准。美国 HIMSS 学会成立于 1961 年，是以美国医疗和医疗救援管理、疾病预防控制、区域电子病历和健康档案、医院信息化管理、医疗物资等管理方面为研究对象。随着美国传染病救治和灾害医疗救援的卫生应急行业的兴起，HIMSS 学会开始承接美国医疗卫生的应急标准研究。我们在 2003 年加入了 HIMSS，并从 2004 年开始，连续 5 年作为高级会员代表赴美参加 HIMSS 年会，与美国同行交流，主要就是学习他们卫生应急标准体系的建设经验。这种学习为我们后来的工作带来很大的优势。

在学习中，除了从理论中找到与国际接轨的方法外，还要珍惜实践的学习机会，才能得以提升。

日本有众所周知的地震周期，经常被地震骚扰，因此日本也成为国际上对于地震应急、地震灾害防护和培训做得最好的先进国家。我们曾多次去东京、京都等城市考察日本的地震预警系统、地震应急系统，同行的还有一些国际 NGO 组织和国际应急管理学会的代表等。在一次大会之后，东京市政府邀请我们参加他们本地的一个地震演练，这是个非常新颖的地震演练，12 个人一组，共分两组。

我们小组在进入电梯后，工作人员发给我们每人一个带有耳机的 PAD，PAD 弹出了一个简单的英文 UI 界面，让我们把自己的年龄、姓名、性别输入；在填写完成后，UI 界面停留在一个等待的图标上。电梯缓缓地运行，我们 12 个人各自戴着耳机拿着 PAD，突然灯熄灭了，电梯遇到了强力的颠簸，耳机里的音乐变成了电梯管理员在不断大声重复的报警声："发生地震了，请大家不要慌张！"

电梯里亮起了昏暗的应急灯，瞬间让人有了地震降临的恍惚感和惊恐。我们在电梯的摇晃中不敢乱动，大约过了 10 秒钟，电梯从 5 层慢慢返回到 1 层。当电梯门打开后，我们 12 个人按照耳机中的语音提示指令出了电梯，走在一条街道上，前方是昏暗的天空，四周围是倒塌的房屋和着火的废墟，空气中混合了无线电波干扰声和人们逃亡的哭喊声。

手里的 PAD 指示我走向一处废墟，这时我发现我们小组的 12 个人都朝不同的方向各自散开。PAD 向我提问："这个倒塌的建筑物下面有一个人在呼救，你能否进去救他？"我需要在 PAD 上选择"救"或"不救"来进行答题。这道题的考点是"进入地震倒塌的建筑物中救人时，必须要先看该建筑物的结构及建造年代，才能判断自己是否应该进去救或不救"。

每答完一道题，PAD 或耳机就会指引我走向下一个场景去完成新答题任务。记得当时我走到了一个商店前，耳机里传出了语音指令："这家商店被抢劫了，你需要尽快拨打报警电话！"于是我就要在周围找到一个电话亭，用固定的电话拨打，因为 PAD 和耳机都不断提示："移动基站已经被地震摧毁，周围没有手机信号。"

有很多诸如此类关于逃生、自救、互救的知识与考题。有些考题也会对人性进行考验，比如眼前出现一个遇到危险的孩子，需要被考人员冒着一定的生命危险去援救。

我在昏暗的街道上行走，回答完 PAD 里一个又一个的考题后，发现自己已经走入一个类似于市政府中心的广场上，这个广场比较空旷，背景是震裂的高楼，散落一些倒塌的废墟，中央立着一块大屏幕，播放着日本 NHK 电视台的新闻，播音员正在用英文播报有关这次地震灾害的震级、烈度、损失数据、最新的救灾情况和指导居民接下来如何逃生避难的信息……我看完了播报后，回答了 PAD 里的最后一道题。

一个多小时的地震演练很快就结束了。由于考题紧凑，地震场景的逼真度高，让我可以全力投入，甚至会觉得时间过得太快了。整个地震演练的过程设计得很好，有身临其境的沉浸感，紧张却又不会慌乱。在这个场景中，我们组的 12 个人，每个人都按照时间和顺序去完成各自的答题，在答题排序上大家并不冲突。

我们小组走出了现场，外面阳光明媚，与里面地震演练的场景截然不同，应急培训师收回了每个人手里的 PAD，并翻到最后一页，显示了我们每个人演练后的得分。我当时的成绩是 98 分，培训师说这是个相当高的分数，我对自己在这次地震应急演练的反应也比较满意。

当时我是第一次经历这类的地震演练，非常震撼，参加这样务实生动的演练实际上对于自己技能的提升有很大帮助。这类地震演练不仅适用于东京市负责应急值守的各部门官员，也为公众提供服务，特别是社区的居民、志愿者和服务人员。通过参加这种演练可以来更好地了解地震灾害的本质，在地震灾害发生时进行正确的自救互救，提高应对技能。

2. 读

网络可以帮助我们与国际 NGO 组织接轨，此外还可以关注一些国际组织在中国的落地。这些来自于国际、国内专家群体的最新研究报告，会帮助我们及时刷新最新的行业动态和技术信息。通过大量的阅读来深入对一个行业的了解，特别是要关注、收集各类理论专著和技术标准，用这些"粮食"来酿出自己的"好酒"。

了解国际 NGO 组织，密切关注并参与他们的落地活动。有很多国内外专家的最新报告都会在这些会议中率先发布。我们在研究国际应急体系时发现，在德国和日本有两家非常重要的研究机构，他们会定期出版有关应急行业研究的理论，其中有一些理论是和国家的应急体系相结合的。这两家其中一个是德国的弗劳恩霍夫（Fraunhofer）应用研究院，成立于 1949 年，是德国也是欧洲最大的科学研究机构。它拥有国际顶尖的大量研究人员和科技创新手段，还有很多的发明专利。它在不同的历史时期都对新技术、新生行业、新应用等保持着紧密的跟踪，弗劳恩霍夫应用研究院当之无愧地成为应急行业的领跑机构。在 2003 年"非典"后，我们就关注了它的一系列应急体系标准的研究，我曾应弗劳恩霍夫应用研究院邀请，赴德参加"下一代互联网技术和应急管理研讨会"，会后与他们合作出版了一本《欧美下一代互联网和应急管理》的书，并翻译成中文，在国内应急行业的内参发表上。

另外一个国际研究组织是日本的野村综合研究所（Nomura Research Institute，NRI）。野村综合研究所是日本乃至亚洲最大的战略和 IT 咨询公司，也是日本第一家真正意义上的民间咨询公司和智库。他们的主攻方向之一就是地震应急及其相关应急领域的研究。在 2010 年，野村综合研究所成立了未来创发中心，致力于物联网技术在应急领域的应用，他们的研究不仅仅落地在日本，而且面向整个亚洲。

汶川地震后，很多学者对灾后重建都提出了意见和建议，为我国的地震灾后重建工作积累了宝贵的经验，但其中也出现了因考察有误而让重建城市再度遭遇地震灾害的选址问题。这种重建上的失败，无论是人员伤亡还是经济受损，都是惨痛的教训。日本在"三一一"大地震以后，政府委托野村研究所来规划重建，NRI 提交了一系列的灾后重建计划书。这套计划书也带给我们很大启发。作为北京市应急产业的技术代表，我们特意到东京与野村研究所的专家们进行了地震应急和灾后重建的交流，受益匪浅。跟踪国际动向、具备国际视野所要具备的第二个能力就是大量的阅读。

3. 听

积极参与行业的国际国内重要年会和研讨会，多听多思考。听是一个重要的能力，有助于看清未来行业的发展趋势。应急行业是一个新兴行业，在国际上有很多研讨会，听取国际经验和国际案例是相当重要的。2007年我在英国拉芙堡大学参加应急科技交流会，听取了当时英国对反恐行业的一系列研究，学到了不少相关经验和知识。

2011年我到法国南方城市阿莱斯，参观了法国阿莱斯高等矿业学院，他们向我介绍了关于工业风险和安全生产方面的最新专业研究，还有一些对自然灾害、应急处置的研究课题，并考察了当时在欧洲比较先进的多媒体应急演练教学。2009年我参加了伦敦的国际反恐大会，听取联合国反恐执行局执行主任迈克·史密斯（Mike Smith）介绍全球反恐行动的国家间协调机制和国际反恐能力中心的建设；英国国家反恐署署长克瑞斯·菲利浦斯（Cris Philips）介绍的英国反恐模式给我留下了很深的印象，国际恐怖袭击的应急处置让我意识到中国的反恐应急的重要性。在印度新德里的世界反恐大会上，听到各国都在强调公共设施的安全保护，我也以《大型的基础设施保护和暴恐事件的处置》的发言来抛砖引玉，与各国的专家们进行了技术交流和切磋。

4. 写

从国际相关的 NGO 组织和行业联盟中经历了学、读、听之后，下一步就要通过中外的对比和差距寻找国际制高点和行业的破冰点，建立自身研究的领域，通过"写"来提出行业的新理论与发展新建议。

通过分析英美等国的应急管理体系后，我发现国内有一个研究领域是缺失的，那就是对国家基础设施保护（NIPP）的研究。在英美，关于基础设施保护有着非常清晰的思路和较完善的体系，于是我们展开了对 NIPP 的追踪和研究。

前面我们已经提到了 NIPP，是美国在 2006 年提出的完整国家基础设施保护计划，2009 年更新。在 NIPP 更新之前，我恰好在国务院办公厅主管的《中国应急管理》杂志上发表了《关于美国政府应急管理中的国家基础设施保护》的研究论文，在"国家基础设施保护在中国的应用"这个思路提出后，被国务院相关领导和各部委多次引用。在美国对 NIPP 进行实施 3 年总结后，我们继续撰写研究和总结报告，这样边学边写的好处是：一方面自己在写文章时，需要对理论有全方位的详细了解，有助于对理论的系统化认知；另外一方面自己提出的观点有可能会对国家在应急行业的下一步工作思路有些帮助。

　　"写"也要有方向性：一写重大、重要的政策建议和体制研究；二写新技术在行业里的应用和研讨；三写中国在行业的创新经验，便于与国际交流；四写创新的理论。2010 年 11 月，在美国 IEEE 国土安全技术研讨会上，我们的课题小组发表了多年的研究成果《物联网在中国应急领域的几种典型应用》；在北京第二届国际应急管理大会发表了《应急管理信息系统在应急救援中的作用》；在捷克首都布拉格的国际应急管理年会上，我发表了关于《2008 年北京奥运会应急指挥信息平台的剖析》论文；在英国《Measurement + Control》学术杂志上发表了《EMS Platform of 2008 Beijing Olympic Games（北京 2008 年奥运会应急响应系统的启示）》的文章。借助北京奥运，我们在国际应急行业交流上得到了很多关注，同时把中国的经验向国际展示并得到了认可，对 2012 年伦敦奥运会产生了很大的影响。

　　写作上务实是前提，还要将自己提出的理论运用到实践中。在实践中开花落地得到印证，就是我们科技人员的优势。汶川地震之后，我接受国家信息中心的委派，担任灾后信息化重建小组专家组组长，结合在汶川地震经历的触目惊心的实战过程，我在联合国 UNGAID 促进发展中国家科学数据共享与应用全球联盟（eSDDC）研讨会上发表了《基层社会单元减灾网》（BASIC SOCIAL EMERGENCY RESPONSE UNIT, BSERU）的英文论文。在地震等自然灾害发生时，毫无例外会关联到社会基层，从企业、学校到家庭等这些单元，在灾害中既是受害者又是减灾的力量，针对这些单元灾害出现时有什么样的需求？如何让这些基层社会单元之间有效地互动？通过什么方式给他们提供最新的灾害信息？如何收集和处置这些公众之间的求助信息？跟政府如何对话等提出了一个积木式的总体化体系框架。这是一个基于云系统的部署框架，有关安全保障的框架。

我提出的 BSERU 减灾网总结起来就是一个突发事件汇聚的平台、一个信息发布的平台、一个基层社会的动员平台、一个自救互救的沟通平台、一个资源查询调度平台及应急知识普及平台共6个业务平台。报告发表后，反响热烈，并得到联合国副秘书长沙祖康的好评。

四、国际创新未必全部适合中国的创新发展

国际先进经验值得借鉴，但也有一些国际化的科技创新案例未必适合在中国落地。因此，创新要结合我国国情的发展需求，创新者需要对产业进行深入了解以后，才能达到"他山之石可以攻玉"的目的。把国外的先进方案盲目地照搬照抄，很容易造成人力、财力和物力等方面的浪费，甚至失败。创新的前提是对自身的了解，特别是对自己的发展需求要有清醒的认知，才能在先进科技创新时挑选出最适合自己的案例。下面我分享自己的两个事例，希望对大家能够有所启发。

案例一：手机 CB（Cell Broadcast）预警发布技术引入中国

手机 CB（Cell Broadcast）预警发布技术在荷兰、日本、美国等国家成功地得到了应用，但是当我们试着将其引入国内的时候却并没有成功。在介绍这个案例前，我先介绍一下当时的背景：很多国内的政府部门都在思考"如何才能把预警信息快速地发送到几百万甚至几千万的市民手中？"全民手机的普及对于政府预警信息的接收上是一个最好的渠道。于是北京市政府在 2010 年的十一期间，曾向 300 多万名北京市民发布了"节日注意事项"的短信，事后统计有很多居民是在两天后收到的，当时的事实证明了政府通过手机短信来发布预警信息并不是一个理想的解决方案。

全世界灾害越来越严重，各国的政府都面临着很大的压力，如何才能在灾害发生前或发生时，以秒或十几秒为单位，准确地把信息发送给定点区域的定点人员，甚至几百万上千万民众呢？我们注意到国际上的手机 CB 技术（国内翻译成"手机广播技术"或者是"小区广播技术"）可以解决手机短信发布的延迟问题。通过手机 CB 技术，提高政府的灾害预警发布速度，从而加快通知受灾群众进行转移的速度。最早这项技术在日本得到广泛的应用，后来又被荷兰、以色列等国家陆续应用。

我们认为手机 CB 技术是个亮点，对它抱有很高的期望。

2011 年 10 月，我和国际应急管理学会、国际应急 NGO 组织成员到荷兰的海牙和阿姆斯特丹，考察了荷兰国家安全与司法部（The Netherlands Ministry of Security and Justice），他们正是使用手机 CB 技术来进行信息预警发布的。荷兰总人口 1 600 万，是欧盟成员国，有三大电信运营商，类似中国的联通、移动和电信，居民使用手机非常广泛，主要是苹果和三星两大智能手机。国家安全与司法部从 2005 年开始关注手机 CB 技术，主要研究在防灾减灾方面的应用上，在 2011 年年初就完成了基于 CB 技术的全国预警信息发布系统，总投资大约为几千万欧元。作为欧洲第一个采用手机 CB 技术进行预警信息发布、建立预警信息发布平台的国家，荷兰经验得到了英法德等欧洲国家的广泛重视。

我们与荷兰手机 CB 技术的系统集成商、三大电信运营商代表、国家安全与司法部的官员、荷兰预警信息发布中心的运行人员，进行实地考察和面对面交流。荷兰曾针对阿姆斯特丹、鹿特丹、恩斯赫德 3 个城市 300 万个居民的手机，多次通过国家预警发布信息系统发布预警的测试信息，通过追踪回馈，2min 内信息就可以到达所有居民的手中。

荷兰国家预警信息发布系统在发布上非常灵活，它不仅可以选择发布到哪些城镇，还可以在地图上按灾害的影响范围选择多边形、椭圆形和其他不规则的形状。在选择的范围内，所有手机用户都能接收到信息，未选择的区域就不会收到信息，这样不但减少了不相关居民的干扰，还减少了费用的支出。

我在考察时注意到一个关于手机的标准问题。能够支持 CB 技术的民用手机其实并不普遍，例如当时苹果 iPhone4 就不支持。另外，还有一些手机在运行管理上和质量上有问题，不过荷兰是个船小好调头的国家，政府要求三大运营商把所有手机都要做标准化，否则不让入网。各品牌手机积极配合政府解决了标准化问题，支持 CB 功能，包括苹果 iPhone5 也配合荷兰政府调整了标准。

同年，我又赴日拜访日本总务省和通信部 MIC，考察日本地震和海啸的预警系统（ETWS）。在 1995 年大地震以后，政府一直投入大量资金做地震灾害的监测预警与速报，使得日本能够在地震波到达地面几秒甚至十几秒之前就能够检测出地震信息，并在最短的时间内将灾情预警信息发布给该区域居民，降低地震带来的损失。日本各级政府机构也是通过发布手机信息来通知居民疏散，居民比较普遍使用的手机有苹果、夏普、索尼爱立信和三星。手机 CB 技术已经成功地运用到日本 ETWS 紧急速报系统中，可自动在洪水、海啸、地震等灾害来临前进行预警信息发布。

ETWS 紧急速报系统分成 3 个工作阶段：一是灾害信息自动获取，像地震灾害信息，通过遍布于日本本土和日本海岸线附近的海洋海底两类传感器，分别放置在地面和海底，可从传感器的网络上自动获取数据；二是从自动获取的信息中抽取地震发生的时间和烈度，然后把数据信息通过日本的气象厅等各级政府部门，发布到三大电信运营商平台；三是通过三大电信运营商，将灾害预警信息发布给公众。通过 ETWS 紧急速报系统向日本民众发布手机 CB 的预警通知，那是一种非常刺耳的啸叫，当人们在地铁站、公交站、办公室、电梯间听到不同人的手机同时发出相同刺耳的警报啸叫时，按照所在的位置选择尽快地离开房间，躲避到安全地带。

从日本回来后，我们又研究了成功使用手机 CB 技术进行预警信息发布的美国和以色列。美国国家应急预警系统（Personal Localized Alert Network，PLAN）于 2011 年年底在纽约和华盛顿部署完毕，并于 2012 年在美国的其他城市投入使用。美国最大的两家手机运营商弗莱森电讯（Verizon）和美国电话电报公司（AT&T）同时宣布支持国家应急预警系统，并提供专用通道用于接收和发布基于 CB 技术的国家应急预警信息。

以色列国防军在 2011 年 6 月开始向国民提供基于手机 CB 技术的导弹袭击预警通知系统，以色列 eViglio 和爱立信两大电信公司联合承建这个项目，主要提醒民众哪个区域会受到导弹的威胁。这套应急预警系统除了支持导弹威胁预警以外，还会支持比如飓风、地震等灾害预警，并采用多国语言进行传送。根据以色列的国内测试统计，从预警信息的编辑到发布给几百万公众的手机上，只需要 12 秒的时间。

为了让先进的手机 CB 技术预警信息发布体系落地中国，我们在思考技术能否落地中国应用的时候不够冷静，就凭借一股热血和对新技术的痴迷，甚至自掏腰包投入了大量的资金和人力进行研发，结果不仅仅给自己交了学费，也给创新者、青年的学者和企业家们上了一堂课——创新时必须要结合国内现状和各国国情。

事后我们分析国内手机 CB 技术预警信息发布体系之所以没能大规模地推广应用，主要有 4 个原因：一是手机本身的问题。手机是个人资产，并不是人人都想更换成支持 CB 技术的手机，得有一个发展的过程。二是电信运营商的问题。针对手机 CB 技术需要开辟专门的频道，这就需要国家出台相应的政策和法律法规，这又牵扯到跨部门立法。第三是价格问题。仅是荷兰的国家预警信息系统一期就投入了几千万欧元，投入资金巨大。第四是敏感信息的安全问题。国内没有经验丰富的 CB 技术预警平台建设单位，就要采用国外的技术开发商进行系统建设，预警信息内容比较敏感，安全问题无法回避。这些都是导致手机 CB 预警系统不能得到推广应用的原因，希望这个案例能为大家在创新研究时带来更多的思考。

案例二：奢侈的物联网监测预警技术

物联网利用传感器进行监测，把实时监测到的信息收集上来后进行灾害的预警。作为新兴的应急产业必须要紧密关注新的技术。世界各国发现，与其选择在灾害发生之后被动地应急，不如选择在灾害发生之前投入监测预警，来对风险进行检测判断，及时采取行动，把损失降到最低。物联网传感器技术恰恰就是适用于各国政府、各行业，作为监测各类灾害发生的最有力武器。没有物联网技术也就无法真正实现自动化灾害监测预警。

2010 年被称为中国物联网技术大规模应用的元年，物联网技术在应急行业也受到了高度的重视，我应邀参与了中国物联网技术标准制定；北京市 2011 年提出了"城市运行与应急管理物联网应用示范工程"，即投资建设 10 个项目支撑北京城市运行与公共安全物联网监测预警和应急管理（示范），我带队设计并参与了其中的 3 个示范工程建设。我对"物联网该如何运用到应急上"有了比较深入的了解后，物联网与应急管理的防灾减灾运用则更大地激发了我进一步探究的兴趣。

2012 年，我与国际应急管理学会的专家们到阿联酋首都阿布扎比参观了阿联酋国家应急响应平台。这个平台搭建在海边，相邻一座大型的石油炼油厂，炼油厂的石油管道沿海密布，在指挥中心里我们看到一段很长海岸线上的石油管道，通过视频传感器、压力传感器、位移传感器等，来识别海浪海啸的高度、非法入侵、原油泄漏。这些信息都被收集到国家应急响应平台的屏幕上，有二十块大型显示屏幕正在监测沿海的几千个点，用红色做标记的报警点信息是重点地区，在灾害发生前就可以采取行动。当时的阿联酋预警系统已经相当发达，主要是通过物联网技术大量使用传感器而进行的，让我们对物联网监测在下一个应急产业发展阶段中可以担当技术先锋方面也有了信心。

果不其然，物联网预警系统在 2016 年北京防汛的应急战役中取得了成果。在 2012 年 "7·21" 特大暴雨时，造成了人员伤亡和部分城市基础设施的重创。2014 年北京市 "城市运行与应急管理物联网应用示范工程" 竣工与启动应用，在 2016 年 7 月 20 日的大雨来临时，虽然降雨量已经超过 "7·21" 特大暴雨时的数字，但北京市民却安全度过，零死亡，没有道路、桥梁等基础设施的重大损坏。

无疑，北京市政府物联网预警系统在防汛上是成功的，但是造价也不菲。某座国内沿海城市就因为资金不足最终放弃了我们的物联网监测预警系统建议，更令人痛惜的是，一年后这座城市经历了非常惨重的自然灾害，当地预警响应跟不上，造成了严重的人员伤亡和经济损失。这确实是一个令人无奈的问题，经过这些年我们对城市物联网在各个行业实际应用的研究分析，发现物联网预警系统在中国各城市大规模的开展是相当困难的，原因有三：一是建设成本过高。很多技术的推广都离不开成本。物联网的基础是物物相联，若没有传感器就不能进行物和物之间的联通。国内生产的传感器质量还不能完全满足需求，依靠国外传感器就意味着增加成本。物联网在国内应急监测预警行业里难以广泛应用，重要原因是成本问题。二是维护成本过高。传感器介质的有效期一般为 2~3 年，有的甚至半年，若不及时更新，收集的数据就很难达到精准。这种技术目前并没有掌握在国内厂商的手中，大量传感器的后期维护还是要依赖进口，导致维护成本过高。三是数据传输速度跟不上。大量的传感器的信号是通过无线来传输的，电信运营商目前的无线带宽还支持不了成千上万个传感器的实时数据传输和更新。

不过作为监测预警，物联网仍然是很好的一个手段，未来还是有可能成为监测预警的主力军，只是现在时机尚不成熟。欧洲智能系统集成技术平台（EPoSS）在《物联网2020报告》（Internet of Things in 2020）中分析预测：2015—2020年全球物联网技术将进入半智能化，2020年以后物联网将进入全智能化。我们还有相当长的一段路需要探索。在探索中，必须要结合中国国情的发展特征全面布局，才能让物联网的应用发展真正落地。

五、创新不是一蹴而就，它是在量变基础上的质变和飞跃

创新不等于稍纵即逝的灵感，它是日积月累沉淀后的爆发。创新的前提是要具备踏实认真的工匠精神，将品质革命作为创新的基础，即在保证品质的前提下进行迭代更新的升级。我们要切记避免只追求创新而忽视了品质的要求。

创新也是一个从量变积累到质变的过程，需要用严谨的治

学精神和坚忍不拔的态度才能攻克。在这节内容中，我将与大家分享自己亲身经历的 3 个故事：一次严重的社会公共卫生事件——2003 年北京"非典"；一次震惊中外的人类自然灾害——2008 年汶川地震；一次世界级大型国际活动的安全防范——2008 年北京奥运会。

（一）"非典"催生了一次非常态的创新

2003 年春节刚过，全国便被一场突如其来的"非典"笼罩，北京成为"非典"的重灾区。由于这是一种陌生全新的疫情，公众的态度从前期的漠然转变到慌乱，甚至后期的如临大敌。国家高度重视，各政府部门行动起来，投入了大量的人力物力抗击"非典"。部分地区进行了封楼和人员隔离，进入密集地区的公共设施时，人们要进行体温测量，北京在"非典"最严重的时期，每天新增 200 例"非典"病人（其中 100 例是"非典"疑似病人，另外 100 例是"非典"确诊病人）。

海淀区有 301 医院、304 医院、309 医院等 29 家大型医院，以及专门收治"非典"患者的市级定点医院——胸科医院，占全市医疗资源的 75% 以上，不仅要接收救治来自北京的患者，还要救治来自全国的"非典"患者。被海淀区辖区所有医院累计收治"非典"病例 844 例，是全国范围内收治"非典"病人最多的区，也成为抗击"非典"重中之重的地区。

我受海淀区委、区政府的委托，带领技术团队开发一套抗击"非典"的海淀应急管理信息系统，要求必须在 20 天时间完成。这意味着我们要在 480 个小时之内把系统开发完并投入使用。我们将它命名为"海淀 EMS"，系统里要包含各大医院的"非典"病情、药品的情况，让海淀区卫生局和海淀区疾病预防控制中心可随时掌握各个医院的病情治疗情况。这些信息还可以与海淀区政府和海淀区下属的各乡镇政府领导进行互联互通，是一套相对复杂的、多部门并发使用的信息系统，包括政府各部门工作流、信息流和命令流。

伴随"非典"的发展趋势日益严重，我们必须和时间赛跑，在接到任务后首先将工作分为前线和后方两部分。记得刚去前线调研时，我们看到每天最辛苦的是医生，他们从上午到凌晨 1 点钟都在工作，有些人还要在凌晨 3 点钟前完成当天的报告，并打印新入病人的病情，发传真给海淀区卫生局、海淀区 CDC、海淀区区委办、海淀区政府办等各上级单位。打印机、传真机的墨常常很快就被用完了。之所以造成大量重复性工作是由于信息不能共享，我们决心把医生们从这种日常烦琐的数据工作中解救出来。

由于当时的医院是 24 小时不间断工作，我们技术小组也要保证 24 小时工作同步。我们分头走访了海淀区辖区内的各大医院，一个个科室进行调研，采集、分析、整合各类来自最前线的数据。虽然工作强度大、压力大，甚至还有被传染疫情的危险，但是当想到与医护人员一起奋战在"非典"第一线，也是实施人道救援的一部分，让我们倍感自豪。这是一种气场，它将很多人的正能量聚集起来，拧成了一股热血的动力，相互影响和鼓励。

我们的办公室里到处贴满了"奋战20天，开发中国第一套抗击'非典'的信息化系统"的标语和口号。大家干劲十足，在前线调研工作有了激动人心的进展，后方的技术团队们也是两班倒，24小时连轴工作。功夫不负有心人，系统开发进展顺利。我们还设计了移动终端，可以让穿着防护服的医生护士带着进行流行病调查的数据上报工作。

当时政府各部门在"非典"防治处置的工作管理中，最让人头疼的就是"非典"病人的人数和在每个医院的分布情况。由于每一位病人的病情每天都在不断地发生变化，可能会随时被转移，因此不同部门在不同时间出具的数字很难一致，由于缺乏数字的精准，当时的市领导甚至还带队到医院里一个个数床板。我们的系统最重要的就是解决了后期政府与医院在管理中，可以达到多部门、跨部门的信息及时共享。

记得在系统开发出来试运行的一个星期内，我们的激动和兴奋很快就被担忧所代替。按照当时的北京市"非典"时期的管理措施，如果我们团队中有一人被传染上"非典"，那么整个团队的人员都会被集体隔离，甚至将大厦都封锁……这样系统里一些问题就没法修改完善，可能还会功亏一篑。前期付出了太多的心血，大家在面对即将到来的黎明时突然平添了恐慌。

之后大家都非常谨慎，不但每天要量体温，喝预防病毒传染的中药，出行更会加强注意防范。一些政府领导来慰问我们时，也强调了让我们要注意卫生安全等问题……让人欣慰的是我们克服了各种困难，这套海淀区抗击"非典"的信息系统运行顺利，立了功，还得到了国家自然科学基金奖励。我觉得在创新中，拥有责任感和专注的精神，才能够把事情做好。

（二）汶川不仅是地震，还有来自各界的应急救援

在汶川地震发生的 2008 年 5 月 12 日当天，我正在美国波士顿开会，得知地震后，我的心情难以形容的震惊和沉重。会议一度中断，紧接着来自国内接二连三的电话，带来了地震最新的信息，成为与会人员议论纷纷的焦点。其中有一个电话来自国家信息中心，他们告诉我：已经成立了汶川地震灾后援建信息化小组，并委任我做专家组组长，火速回国！

我迅速查到了最快赶回国的航班并直奔机场。飞机落地后，我从机场到办公室的路上一直在听电台里汶川地震的直播，全国上下一心同仇敌忾抗击地震，各种受灾惨状和救援事迹令我时而悲痛时而感动，一路上热泪盈眶。回到办公室后我马上联系国家信息中心和四川省政府办公厅，组建了赶赴汶川的技术团队，怀着焦急的心情，我和援建小组共 20 多人第一时间到达机场，赶赴灾区。

眼前的灾区情况比我想象的还惨，一片片废墟瓦砾，我们

原本计划要到重灾区北川，地震救援的队伍在那边正在奋战，但北川的路暂时不通，我们去不了，只得去位于映秀的汶川地震前线指挥部。赶到映秀，我们和四川省政府办公厅、成都市办公厅的秘书长们以及信息中心的主任连夜开会，大家围坐在简易帐篷里的一张缺腿的办公桌旁进行沟通。当时国务院国家应急平台关键技术研究应用示范的一些标准化应用成果可以直接在汶川救援中使用，辅助汶川指挥中心接收前线的灾情报告、救灾物资需求以及领导信息的下达等，多个部门可共享数据信息和提高管理效率。秘书长也提出了希望我们可以提供救灾物资的详细品名、品号和数量，以及和哪些部门对接共同使用。

在映秀边调研边开会，饿了就是方便面，大家分秒必争，这让我想起了"非典"时期，每一分钟都是生和死的较量，我们用两天的时间就把各部门对系统的需求调研清楚。调研后我们辗转到后方指挥部成都，这里是国家汶川地震的前线指挥部和四川省的指挥部，成都灾情不严重，通网通电，我们在金牛宾馆内搭建起信息指挥平台，由于时间紧迫，只好将系统一边使用一边再升级完善。在搭建中我们马不停蹄地又去都江堰、彭州等周边受灾城市做调研，分几个小组并行。近一周的调研结束后，我发现除了映秀的前线指挥部、金牛宾馆的后方指挥部外，成都及其他受灾区县市的灾情数据也需要共享。时间不等人，经过2008年5月这一个月的实战洗礼，很快我们开发完了包括映秀和金牛宾馆的前、后方指挥部、成都市应急办等比较全面的应急指挥数据共享交换平台，到现在这个系统在成都市政府及其下属区县市还在一直使用。

2008年的汶川地震是中国继唐山地震后遭遇到的最严重的一次地震，我有幸作为应急管理专家参与了这次地震救援工作，也看到了此后中国的应急体系的进程被进一步加快，新的防灾减灾体系规划逐步形成和完善。基层应急管理能力的建设是全国应急管理工作的基础，特别是社区应急力量的参与，有助于扭转单纯依赖政府应急的局面，达到构建全社会共同参与的应急管理工作格局。

（三）奥运是中国向世界展示实力的一次证明

2007年6月我接到进行2008年北京奥运会平台整体设计的工作安排，虽然离北京奥运开幕还有一年多，时间却也很紧。因为在整体设计之后，我们还要给搭建奥运会指挥平台的建设和试运行预留时间，才能保障2008年8月北京奥运会的顺利进行。接到任务后大家激动又自豪，可以说热血沸腾，但真正在2007年下半年开始设计北京的奥运会应急指挥平台时，我的压力相当大。当时国家提出2008年的奥运会要成为历史上最成功的一届奥运会，对我们应急指挥平台的要求是"也要成为历届的奥运应急指挥平台里最成功的一个"。这个目标一直贯穿在我们的执行工作中。

首先是和北京奥组委一起对接国际奥组委负责技术的官员，

我们从他们手里拿到了一系列历届奥运会的技术材料。国际奥组委还专门请参与雅典奥运会的技术专家到北京和我们进行了技术交流，白天和专家进行交流，晚上我们要点灯熬夜地把白天的内容进行翻译和资料整理，进行上报。此外，我们还要把北京的应急指挥系统与国际奥组委应急系统进行对接，在每一类灾害发生的时候，北京的奥运体系和国际奥运体系相协调。

在奥运会的应急平台设计中，有一个非常重要的概念 MOC（主运行中心）。MOC 的管理功能分为计分系统、比赛场馆管理系统、各国教练和运动员管理系统、观众管理系统、记录裁判和选手的成绩等一系列日常数据管理。在突发事件出现时，MOC 就转成应急状态。MOC 的应急能力是奥运会非常强调的，即在突发事件发生后，由 MOC 现场运营中心以最快的速度处理好，它可以达到 90% 以上突发事件的自行处置。如果 MOC 不能有效处置的事件，必须交由政府来处理时，说明事件已经太严重了，可能会带来巨大损失，哪怕最终处置好时也会产生大的损失。这个概念带给我们很大的启发，在奥运突发事件发生时，第一指挥官现场应急处置的能力和效果是非常重要的，那么该如何加强现场指挥官的应急处置能力？这是每一个国家需要思考的。

经过两三个月的时间，我们初步完成第一套北京奥运会应急平台的设计方案，同时也让我们看到了国际奥委会全球签约的国外大型软件公司的实力。2008 北京奥运会除了北京的会场外，还有 6 个分会场，在天津、秦皇岛、沈阳、上海、青岛和香港都有分会场，我们这套系统也要相应配置成 1 + 6 的模式。在分别去了这些分赛区调研后，我们根据当地赛场的应急系统规划，把这套系统标准统一。

我们的平台设计时，有些国家的运动员已经提前到达分会场地区，开始进行赛前训练，这个地区也进入了半应急的状态。我们进行数据采集等工作时，与奥委会的国际技术人员在同样的问题上会有不同的思路，例如现场处置的问题，国内比较强调分工和分级上报、命令的上传下达，但在奥运这种特殊的情境下是不可能这样做的，要求每个人都是一专多能，非常强调个人的处置能力和综合协调的能力。这让我们双方彼此更好地拓宽交流视野和进行脑力激荡，促进技术间的推进，是很宝贵的一次经历，给我们留下了很深的印象。

2008 年年初，在平台实施前，我们仍然在一遍遍地对整体设计方案不断地进行微调修改，有时一个方案已经确定了，但是我又有了一个新的灵感，依然会兴奋地告诉技术人员们，大家迅速一起讨论，有时证明新思路是可行的，有时也会保持原有的方案。大家在讨论时以技术为本，平等地交流，目标只有一个，通过合理的设计让平台最终达到最佳的效果，保证 2008 年奥运会的顺利进行。伴随北京奥运会的成功落幕，我们紧张的一颗心终于可以放下了，这个项目后来也获得了国家奖项，每一个成功背后都要付出巨大的心血。

六、未来应急行业的科技发展方向

任何一个行业尤其新兴行业发展的时候，技术革命对行业的影响是巨大的。全球的技术已经从数字地球落实到智慧城市，基于二、三维的地理信息系统，把一个个区域空间展现在我们的眼前，这是非常迷人的。当物联网传感器的技术相继应用，云服务的技术越来越成为必不可少的主流，对于未来新兴技术的组合将对新兴行业产生巨大的影响，我们需要关注追踪，并研究这些科技的发展动向。

在对《国土安全应急演练与评估计划（HSEEP）》进行研究后，我们团队用一年半的时间，终于让它落地中国并形成了适用于我国政府多部门交互的演练系统——《基于情景构建的政府多部门三维仿真应急演练与评估平台（SSEEP）》，强调应急培训演练和评估，是一个以时间线和情景构建为核心的多部门交互演练。目前这个系统已经落地中国，并开始在北京为政府应急部门提供服务。这个系统同时也入围了国家"十三五"规划，未来将面向全国的高校进行应急教育。

（一）VR 带来技术创新的好时机

这两年在科技中出现了一颗耀眼的明星，它就是虚拟现实（VR）技术。2016 年被称为虚拟现实的元年，通过 360 度全景向人们展现一个逼真的虚幻世界。带上 VR 头盔就可以看到一个虚拟的 360 度三维场景，自己可以根据场景里的剧情设定来完成交互。虚拟现实（VR）包含了 360 度实景拍摄和通过三维建模来搭建场景等的内容制作模式，在中国更多的是应用在娱乐（游戏）线下体验店的方式上。由于 VR 受场地、设备等成本和硬件的限制，以及 VR 优秀内容的严重匮乏，在进行推广时会受到很多客观条件的制约。一些以 VR 应用为主的理念目前还停留在一个美好的愿景上，但在未来或许有一些构想会在 AR 上实现，VR 就成了铺路石。

一方面对 VR 发展要保持冷静客观的心态，另一方面要看到它与其他行业可以进行互补融合的优势。当前提出如军事、教育、医学、工业设计等都采用虚拟现实技术，会是很好的发展方向，主要原因是它可以生动地解决场景构建问题，增强个人体验。我看好 VR 的商用发展，特别是在各行业的应急演练，主要是 VR 所具备的三大优势：场景构建、动态交互和沉浸式体验，都是在应急演练中必不可少的元素。

VR 应急演练是指可将演练场景设定在 VR 全景的地震废

墟、洪水、飓风等自然灾害或人为灾害的场景中，演练的角色可在 VR 中进行语音或操作的交互。如果再利用一些道具，可更好地增加演练者的沉浸式体验。我们将研发出来的《基于情景构建的政府多部门三维仿真应急演练与评估平台（SSEEP)》升级到 VR 演练，开发出一套《基于情景构建的政府多部门 VR 仿真应急演练与评估平台》系统。

在 SSEEP 的 VR 版本演练中，我们用手柄取代了传统的键盘鼠标，通过 VR 头盔，可以看到逼真的灾害全景。在演练考试中，学员可以通过手柄随意进入应急演练的其他场景中；通过瞳孔识别技术，让学员顺利地完成演练中的各项考试答题；通过语音指令，学员可在演练中与现场其他的学员进行上传下达，信息交流互通，甚至还可以一起商讨应急指挥的作战方案；后台数据库里记录所有演练人员的操作轨迹和数据，在未来还可以为学员们进行回放、分析和研究。这个《基于情景构建的政府多部门 VR 仿真应急演练与评估平台》系统，政府不仅可以使用，企事业单位和民众都可以使用。

这是目前国内，甚至国际上都比较成熟和完善的 VR 应用了，我们团队之所以可以将它研发出来，还是要感谢过去曾花费一年半时间研发出来的这套《基于情景构建的政府多部门三维仿真应急演练与评估平台（SSEEP)》作为基础，像这类成熟的 VR 商用应用，目前在国际上也还没有出现类似的案例。在科技创新时，我们用工匠精神去精益求精，不断地探索，时刻提醒自己不能放慢前进的脚步。

（二）大数据助力中国应急矩阵的推进

我们在未来应急行业的创新探索中，还有一个要努力实现的目标：从一个国家或城市到政府各部门、民众，建设一套完整的应急响应能力系统。在这个能力系统的背后，实际上是一个巨大的数据分析、数据更新、数据共享和数据评估的系统，即大数据系统。该系统在未来不但可以单独应用在城市的三维建模与风险评估、城市的多灾害多部门应急演练和评估中，还可以应用在云服务、公共教育或物联网评估中；也可以在四大类灾害防灾、减灾、救灾体系的综合应用后形成整体的评估数据。通过这个应急矩阵建立的大数据分析系统，对于未来国家的发展有很大的意义。

在未来，大数据和虚拟现实（VR）技术会带给国家和世界在应急领域更宽广的道路，未来充满了创新也充满了期待。通过科技，提升人类与社会和大自然的和谐共处，能够更加睿智地应对已知和未知的大自然风险。投身应急领域的科技人员将会有更多大展拳脚的机会，我们热切期待更多的科技才俊能够投身于此，一起创造未来，创造奇迹！

结　　语

年轻学者在致力于行业的学习和创新时，需要找到资深的行业导师来进行指导和把关，这样才能避免走弯路、走错路。在我 2006 年参与国务院应急标准课题研究时，非常幸运地遇到了国务院应急管理专家组的闪淳昌参事和刘铁民院长，他们既是国家应急体系"一案三制"的奠基人，又是国家安全生产与应急管理的高层领导和国宝级专家，是我们中国应急领域的前辈，我在应急行业上取得的进步和一些成绩都离不开他们的指导。在我过去十年的"应急道路"上，每当我在研究时遇到困惑和瓶颈时，他们都会给我技术上的指导和精神上的鼓励，有了两位恩师的关怀，增加了我在应急领域上不断进取的勇气和信心。在此感谢他们的同时也祝愿各位青年学者能如我一般的幸运，遇到你们的"指路灯"，在今后的科研创新中取得好成绩。

企业创新的"系统工程"

韩春生

当许多人在一条路上徘徊不前时，他们不得不让开一条大路，让那珍惜时间的人赶到他们的前面去。

——苏格拉底

一、创新是企业长期生存的原动力

中国的西部有一座山脉，名为终南山。终南山又名太乙山、太白山、中南山、周南山，简称南山，是秦岭山脉的一段，道教的发祥圣地。周代把终南山、太白山统称为太乙山，总面积 1 074.85 平方千米，西起宝鸡市眉县，东至西安市蓝田县，素有"仙都""洞天之冠"和"天下第一福地"的美称。

终南山景色优美，山清水秀，不仅能留下村里的老人，还是数千位隐士的修行道场。自从美国人比尔·波特的作品《空谷幽兰》问世，人们对终南山隐士的生活有了一定的了解，数千位来自全国各地的修行者隐居山谷，过着和数百年前一样的生活。这一群人远离都市，与群山、清风为邻，生活在主流社会之外。

我们红尘中的凡人自是无法体验这种隐居生活，最多只能参加一个短期的静修体验班而已。我们需要现代社会的一切商品和服务，我们既是这个商品社会的生产者，也是这个商品社会的消费者；夏天我们离不开空调，冬天离不开取暖设备；出门需要交通工具，交流需要网络和手机；开心的时候我们需要娱乐设施，生病的时候我们需要医疗服务；我们的现代生活，就是由无数的产品和服务构成的。正是这些现代的商品和服务改变了我们的生活方式和生活习惯，平均寿命得以大幅提高；你可以早上在北京吃早餐，中午在广州办公务，晚上回北京的家中休息；你还可以与从未谋面的异国网友聊天，当然也有可能聊到一起成为伴侣……

这些就是现代商品社会无可替代的特征，大家有没有想过：这些商品和服务都是怎么来的呢？我们多数人会先想到的就是科学的发展、技术的进步，然而仅仅科学技术的发展还无法形成产品，更不能形成我们日常消费的商品和服务。我们消费和享受的商品和服务，都是来自于一代又一代的企业，这些企业生产了商品，提供了服务，改变了我们的生活。众多的企业把科技的进步，经过自己的创新和加工，转化成为我们日常可见的商品和服务，并从中获取利润，这就是现代生活的真相。

（一）创新与供给

2016 年 7 月 8 日国家主席习近平在京主持召开经济形势专家座谈会时特别提到："坚定不移推进供给侧结构性改革，培育新的经济结构，强化新的发展动力。"

供给侧改革成为 2016 年最受重视的宏观经济政策，各方专家纷纷对此发表意见和建议，我这里简单地分析一下供给侧与需求侧的关系，还有为什么供给侧改革成为重要问题。

考虑到读者大部分并不一定理解经济学的理论和内容，我就用简约的叙事方式解释上述问题。

1. 供给与需求的关系

我们的日常生活所需商品与服务基本有两种情况：一是我们现在需要的；二是我们原本不需要或者原本想要却没有的。

（1）我们现在需要的

对于第一种情况，例如我们需要穿衣服，满足我们穿衣需求的企业和我们之间就形成了一对供给与需求的关系。但在这种情况下，如果一些企业生产的服装都是普通的大路货，那么这些企业的经营情况就取决于消费者（包括出口）的需求：经济情况好，消费者愿意在衣服上增加支出，这些企业就蒸蒸日上；反之需求不足时，这些企业就日子难过。

需求刺激就是通过扩大支出，增加需求，从而让供给的企业日子好过些；当然企业日子好了之后，员工薪酬也会水涨船高，社会总体需求也会随之上升。这是各国经济刺激的基本出发点。

然而，事情并非永远以一种逻辑在进行，由于收入分配以及需求匹配问题的存在，逐渐会出现这样一种状态：某些商品的产出已经远远超过社会总体需求。这种状态有两种主要原因：一是收入分配的影响造成有消费能力的消费不了，没有消费能力的无法消费；二是我们一个人一般只用一个笔记本电脑（除了个别发烧友或者专业人士以外），多余的同样的供给无法消费掉。这种情况的存在就使得经济刺激的作用依次递减，直到再刺激也不能增加有效需求的时候，需求刺激就失效了。

联合国工业发展组织资料显示，目前中国工业制造业净出口居世界第一位。按照国际标准工业分类，在 22 个大类中，中国在 7 个大类中名列第一，钢铁、水泥、汽车等 220 多种工业品产量居世界第一位。在为取得的成绩骄傲的同时，我们也必须清醒地认识到，目前我们传统品类的供给超过需求很多，已经不能完全匹配了。

那怎么办呢？还要从问题的另一面来分析。

（2）我们原本不需要或者原本想要的却没有的

其实，目前我们消费的产品和服务中，绝大多数都是人类文明创造出来的产物；即便是人作为最基本的生理需求的吃，也已经跟远古时期大大不同了。我们当前的需求本质上说都是原本不需要的，或者原本要而不得的东西。

因为有了电话，解决了原来人们远程沟通的需求；进而我们有了庞大的电信网络、电信公司、电话制造商等等企业；这些企业会雇佣大量的员工，同时这些员工获得的收入反过来会增加需求。因为我们有了智能手机，创造了人们获取信息和沟通的新方式，我们也就有了一大堆围绕在这个产业的巨型公司，这些公司同样需要雇佣员工，需要办公楼，需要消费耗材，从而带动其他的产业需求。这就是供给侧改革的核心。

2. 创新与供给

当经济刺激无法通过需求扩大传导到供给端的时候，一定是供给本身出了结构性问题，新的供给太少而传统的供给太多。怎么解决这个问题呢？那就是创新。

创新是供给侧改革的重要领域，试想有多少目前人们想要而不可得的愿望期待满足：我们目前发现的疾病大约4 000种，而目前我们只有针对其中250种疾病的药物；我们每年数万人死于交通事故，我们多需要一些更好的安全驾驶工具；我们可以到世界各地旅行，而我们同样希望能够到月球甚至火星体验一番。这些都是我们可以想象的需求。

还有很多普通人想不到的需求，如普通人不了解的神奇的纳米技术、智能机器人技术、量子通信等，同样有希望在不远的未来给我们的生活注入新的需求。

这些潜在的需求就是新的供给源头，这就是创新的方向。

当然创新也不仅仅是这些高技术领域，在我们的生活中到处可以找到新需求和创意；3M 的报事贴可是一个小创新，但却是一个大领域。

报事贴的真正发明人是 3M 公司的斯宾塞·西尔沃（Spencer Silver）博士（图1），而使其能发扬光大被广泛推广应用的却是他的同事亚瑟·弗莱（Arthur Fry）博士。

1968 年，西尔沃博士接受一项任务，发明一种超强的粘贴剂。但经过几个月的研究，他发明了一种粘贴剂，但是和预想的结果完全相反，这种粘贴剂黏性不强，贴上就可以轻易地撕下

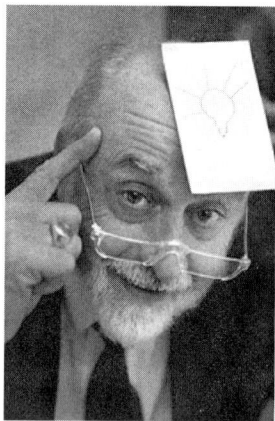

图1　报事贴的发明人
斯宾塞·西尔沃博士

来。如果从项目的角度来讲，这个发明是失败的，大多数人遇到这种情况可能就此罢手，去寻求另外的方案了。但是，西尔沃博士并没有就此放弃，他把这种很独特的、可简单除去或重新贴上的粘贴剂推荐给其他3M科学家，试图合力找出一些应用方法。可是，一直都没有成功，直到几年之后，他的同事弗莱博士找出实际的应用，这种粘贴剂才被发扬光大。

1974年，弗莱博士去教堂参加教会礼拜。在唱诗班唱诗时，弗莱习惯在歌本内夹张纸条作为标识，但是书签不停滑落，使他无法很快地找到诗集里正确的页数，弗莱为经常翻错诗集而感到烦厌。他想到，书签应该具有轻黏的效果，如果有一种胶有点黏又不会太黏，可以贴在纸条上，又可以重复撕贴，而不会破坏那张纸，那就太完美了。在这种想法的驱动下，他想到了西尔沃博士的粘贴剂，于是他用这粘贴剂制造了可重复粘贴的便条纸，成就了报事贴这个伟大的发明。

（二）新常态倒逼创新

1. 新常态缘起

从1985到2015这过去的30年间，中国经济迅猛增长，无数的企业家为此做出了巨大的贡献，随之而来的是企业规模从小到大。如今，很多中国企业如中石油、中移动、华为公司、阿里巴巴等已经进入世界级企业的行列，根据美国《财富》杂志于北京时间 2015 年 7 月 22 日晚发布的 2015 年世界 500 强企业名单，中国上榜企业继续保持强劲增长态势，达到 106 家，比上年度增加 6 家，上榜企业数量稳居世界第二，美国上榜企业 128 家，数量与上年度持平。而在 2005 年，上榜的中国企业仅有 18 家。

关于中国经济高速增长的原因，很多著名经济学家都做过非常详细的解释和论证，其中被人们谈及最多的就是我国企业充分发挥了比较优势以及后发优势。

正如中国古语所言，"成也萧何，败也萧何"，很多企业长期奉行的发展模式就是走别人走过的路，大家一起挤在一条路上。通过复制别人的技术、产品和商业模式来壮大自己。这种模式在初期的时候由于比较优势的存在（低工资、低成本），企业得以迅速发展，规模不断扩大，再加上我国中低端市场需求巨大，企业形成了高速发展的态势。在这种情况下，大多数中国企业过去的基本发展模式就是技术引进 + 学习模仿，迅速达到一定的生产水平，抢占一部分市场份额。

在 1985—2005 年，我国的人口红利和成本的比较优势显著，企业通过简单复制引进国外技术进行生产就可以获得可观的利润，因此逐渐形成了自己的路径依赖：不断地需要外部的创新技术和方法以及商业模式，然后进行成本优化，甚至生产"简装版"，最后占领部分市场。在这期间，出口占领国外市场，成为这种模式的巨大推动力。

随着我国发展成为第二大经济体，特别是由于国内土地和房产价格的飙升，直接带动了生产资料和劳动力成本的巨大上涨。在这种情况下，制造业很难在上述简单复制的基础上，继续扩大包括国际和国内的市场份额。原有的粗犷的经营模式逐渐失去竞争力，一方面是劳动生产率提升缓慢，另一方面是商品同质化严重，生产者竞相压价，利润一跌再跌直到成本线以下。

2. 企业创新之难

后发的企业希望快速进入某一市场，于是复制别人的产品或者购买技术成为企业的主要方式。然而很快，企业就发现这样的方式有着致命的缺陷：第一，由于技术的进步越来越快，产品的升级换代频率增加，购买技术的成本越来越高；第二，复制来的技术和产品缺乏新意，往往只能占领中低端市场，而有着相同经验的其他企业也会这么做，导致利润越来越低，直到无法盈利；第三，由于前两者的原因，当利润下降的时候，企业无力承担创新的投入，从而进入生存末期，要么被收购，要么涅槃重生——创新转型。

企业创新转型通常指企业通过对业务和管理进行结构性变革，获取经营绩效的改观，具体来说就是提升管理效率，提升产品层次。例如，由劳动密集型向自动化生产转变；由生产低端产品向生产高端产品转变；由提供单一产品向提供产品＋服务转变等不同方式。

　　企业的转型并非只是动动嘴皮子这么简单，企业转型面临的最大制约就是创新能力不足。"不创新转型等死，创新转型找死"成为摆在不少企业家面前的难题。

　　创新转型为什么难，经过调研和寻访，笔者认为企业转型之所以困难主要在于如下的几个因素：

　　第一，缺乏主动性，多是被动的行为。

　　由于发展的惯性，我国大多数企业家们对企业经营管理的认识还停留在曾经的成功经验上，即扩大生产规模和债务杠杆。这一点尤其在大型企业中最为常见。根据有关数据分析，在以高投入、高负债维持高增长的大背景下，企业不断加大举债投资规模，扩大产能占领更多市场份额，以致目前企业债务高、产能过剩。据统计，2013 年企业（不包含金融企业和融资平台）债务余额占 GDP 的比重已攀升至 120%，超过经济合作与发展组织国家 90% 的阈值，达历史高位。

　　如此高额的企业债务负担，一方面说明企业粗放的经营方式总体上一直在恶化，而另一方面也说明企业严重依赖负债维持生产的循环和产生收益。一旦生产回报低于债务利息支出，或者不能继续借到贷款，企业就处于非常危险的境地，而这在经济下滑阶段是非常容易发生的。

　　因此，在资金容易获取，扩大生产规模可以产生效益的时候，企业管理者往往并不关注转型与提升，当然了，日子过得很好，干吗变呢？可是一旦经济下滑，企业又要拼命维持生计，并且因为财务杠杆越来越高，企业的各种生产活动必须围绕着生存这一主题，根本顾不上转型的问题了。直到有一天，当企业原有模式无法继续的时候，才会被迫进行某种程度的创新转型动作。

第二，缺乏投入，只想找捷径。

创新也好，升级也罢，总是需要投入的；我相信说到转型，反对的不一定有几个，可是如果说到投入，很多的企业就要打退堂鼓：失败了怎么办？损失怎么办？于是左思右想之后，多数企业还是如下决策：看看别人怎么办，找个现成的途径最好。"逆向工程"学习，"直接挖人"等等招数都是很常见的。看看别人的是可以的，问题在于不一定适合自己，盲目地学习别人的方法同样也是死路一条。

企业要生存和发展，这是管理者和员工的共识；生存和发展离不开利润，大家也都同意。但是，在当今的市场中，想要长久地实现企业的生存发展和利润，就必须依靠创新，而不是其他的方法。创新应该是企业发展的原动力。

根据我们的调查，企业没有专门创新投入的比例竟然为37%；也就是说，37%的企业希望能够实现创新，但不希望承担创新带来的成本。同时，有支出计划，但很少人有申请或者申请也很少通过的又占道35%；只有28%的企业中，创新能够比较容易得到资金的支持。

这个问题说明在认识与行动上还是有很大的差距，28%的比例甚至低于问题三的调查结果中，声称在创新中获利的企业比例。大型企业的比例略高于中小企业5个百分点，即33%的大型企业中，创新项目容易得到资金的支持。

第三，原创项目匮乏。

我国企业自20世纪80年代开始，就秉承了一条"引进—消化—吸收"的发展战略，迅速发展成世界第二大经济体。然而，发展的同时也就意味着我们的企业可以引进的技术和管理越来越有限。除少数大型企业能够发展成为创新型企业外，很多中小企业一味地模仿和学习。这样，不仅受制于别人的技术输出限制，同样受制于市场的需求，造成了我们的产品只能处于中低端的市场，结果就是不仅利润无法保证，而且企业为了生存无力进行新产品的研发和管理提升投入。

受访的企业管理者中，创新和创意的主要来源有客户、管理者与产品经理本人、员工偶尔的个人兴趣，而来自于专门的创新机构的只占6%。但是上述创新和创意往往都是中低水平的改进，而缺乏高水平的创新活动。受访的高管普遍认为：企业需要从战略层面重视创新活动，而不是仅仅把创新局限在技术创新。

由于原创项目匮乏而且缺乏必要的竞争约束机制，企业往往追逐同一个热点，挤在同一条跑道上造成资源的浪费。当一个产业已经无利可图的时候，是不是赶紧转向有机会的地方呢？这应该是常见的一种反应，也是我国企业最常做的事情。只要有某个行业存在获利机会，并且所获利润超过社会平均利润，那么资本马上蜂拥而至。

这种现象对于市场经济来说是很正常的事情，你看任何一本宏观经济学的专业书籍都不会认为这是个问题。但是，对于整体经济来说，这确实是正常的现象。然而，实际上由于我国的经济管理方式以及企业的群体效应（这里面还有知识产权管理上的问题），使得大量资本集中奔向一个领域，造成一个非常复杂的问题，即超利润行业迅速变成亏损行业。

根据国内媒体报道，至 2015 年底，我国主要应用商店的应用规模已累计超过 400 万个，而这其中僵尸 APP 占到 80%，平均一款 APP 寿命只有 10 个月。我们咨询了一下 APP 的开发报价，5 万～15 万不等。就不算任何其他的运营成本，仅开发成本一项，320 万个僵尸 APP 就浪费掉 320 万×10 万（平均）＝3 200 亿。如果加上运营和劳务成本，估计至少要翻倍。

例如，美国团购网站 Groupon 的成功，催生了国内一大批模式复制者。2010 年初，中国最早的一批团购网站满座、美团上线，完全照搬了 Groupon 的模式。由于模式简单、复制容易，各路跟风者蜂拥而入。到 2011 年 8 月，我国团购网站的数量已经超过了 5 000 家。拉手、糯米、窝窝团、24 券、F 团、高朋、大众点评、团宝等让人眼花缭乱。但是复制容易，成长却难，由于各家团购网站模式雷同，功能近似，提供的产品和服务同质化竞争严重，消费者面对众多但是却没有差异化的选择，只能用脚投票，而网站为了抢夺用户，不惜赔钱抢单，其结果就是团购网站陷入价格战和融资战，看谁的资金雄厚，能够经得起一轮一轮的烧钱，看谁能活的时间最长。恶性竞争的结果是残酷的，2014年上半年团购网站数量仅剩176家，相比高峰时期的5 000家，存活下来的仅有3.5%。在这176家中，美团、大众点评和百度糯米还占据了84%以上的市场份额，基本上形成了巨头垄断的格局。2015年10月8号，美团和大众点评宣布合并，至此，千团大战以惨烈的结局收场。

第四，企业缺乏创新理论与方法的指导。

我国企业不缺乏创新的欲望和创新的热情，国家在政策和资金方面也都给予了大力的支持。但是，我国企业在创新上依然举步维艰，困难重重。其中，缺乏创新理论和方法的指导是非常重要的因素。提出创新理论与创新工具这样的工作超出了企业自身的能力范围。由于缺乏创新理论的指导，我国企业的创新现状就显得杂乱无章，即便是政府和企业都投入了大量资源，但整体的效果却乏善可陈。

有些专家和企业管理者认为，创新是企业个体的事情，外部力量帮助不到。其实，这是个误区，早在1987年，英国学者克里斯托弗·弗里曼就提出了国家创新系统的概念。1992年，英国卡的夫大学的库克教授发表了一篇文章《区域创新体系：新欧洲的竞争规则》，开启了区域创新理论体系的应用时代。很多国家和地区都有着政府层面的创新支持计划而非全部依赖企业自身的自发行为。

20世纪70年代，全球爆发了严重的石油危机，西方发达国家的经济开始出现衰落。但与此同时，日本、韩国、新加坡等亚洲国家的经济却快速发展，这引发了经济学家的关注。弗里曼在对日本的企业、政府、工人及其之间的关系进行深入研究后，于1987年出版了《技术政策和经济绩效：日本国家创新系统的经验》一书，首次提出了国家创新系统的概念。所谓国家创新系统是一种在公、私领域里参与和影响创新资源配置及其利用效率的机构网络。在这个网络系统中，企业和其他组织等创新主体通过国家制度的安排及其相互作用，推动知识的创新、引进、扩散和应用，使得技术创新在国家层面上取得更好的效果。在国家创新系统中，弗里曼特别强调政府政策、企业研发、教育培训、产业结构4个要素对创新的影响。

受访的管理者普遍认为，企业创新不仅需要政府在政策和资金面的支持，还需要政府从知识产权管理、行业和区域合作、创新培训和横向联合方面给予更多的支持和指导。同时，受访管理者也承认视野受限，现有业绩压力大，投入和方法工具是创新受阻的主要问题。企业关于创新管理、流程和方法，创新本身的方法和工具，员工的创新积极性和创新能力成为大家最关注的与企业创新有关的问题。

第五，企业管理创新落后于技术创新的需要。

企业创新是一个系统，而不是孤立的技术创新事件。如何让企业的创新系统顺利运行是企业管理必须首先解决的问题。只有完成了企业管理的提升，才能顺利达到苗部长所说的：让企业成为创新主体的理想目标。

实现企业的创新目标依赖于企业的各种管理技术和方法。企业为了应对日常的多种目标工作，在专业分工的驱使下，组织被分解成为很多独立的小碎片结构，不同的结构完成某种既定的职能工作，就像企业内部的很多小单元。这些小单元通过分工与合作完成企业的各种工作。

合作通常是由企业制定的各种流程实现的，然而在制定流程和目标的过程中，充满了多方的博弈和不确定性。对于创新来说，这种内部的多方博弈通常对创新是不利的。因为企业内部创新通常具有这样的特性：时间的不确定性、市场和营收的不确定性以及责任的承担问题。

在实现企业的战略目标时，管理者通常采用目标分解的方法，在分解过程中会强调一些重点指标，如营收业绩、客户满意度等，至于创新通常被视为附带的目标忽略掉。虽然大多数的管理者知道创新是重要的，但问题是创新是未来的事情，因此，很多企业名义上是在追求创新驱动发展，实则只关注于低层次的创新工作，如引进消化吸收或者提升现有产品以更好地满足用户需求。

在既定的企业文化和管理方式范围内，企业的各级管理层会遵循相似的管理方式和思维方式，不仅是行为上的相似，甚至是结构上的复制。由于这样的组织往往设置统一的管理流程、统一的管理制度和绩效考核方法，而各个分支机构以及各种不同员工的个性化特点被忽略，创新更加依赖组织的高层战略和管理变革。然而，新技术和管理的创新往往要求管理的弹性和容错机制，这与决策的集中现状形成了一对矛盾。

路径依赖也是一个非常重要的方面。路径依赖是指企业一旦选择了某个流程或方法，由于规模经济（Economies of scale）、学习路径依赖效应（Learning Effect）、协调效应（Coordination Effect）以及适应性预期（Adaptive Effect）以及既得利益约束等因素的存在，会导致该流程或方法沿着既定的方向不断得以自我强化。

目前相当多的企业技术创新都严重依赖管理者自身的认识和决策，导致创新成了单一的从上至下的模式。这种模式不仅不能激发企业员工的创新热情，而且面临更大的失败可能性。

在我们的调查中，70%以上的企业管理者普遍认为最重要的影响企业创新的因素是企业的管理方式。只有实现企业管理方式的创新和变革才能更好地实施技术创新、商业模式创新等其他创新任务。

二、企业创新的不同层次与阶段

（一）企业创新的概念和层次

1. 创新的概念

每一个产品和服务都自然形成行业，而每一个行业都由很多企业组成。行业内的企业既有合作也有竞争，当然更多的是争夺市场份额和利润的竞争行为。企业为了获得竞争优势可以采用以下几种主要的市场化手段：

- 降低价格；

- 提升质量；

- 通过创新增加原有价值。

（1）降低价格

降低价格是最简单的方式，但是伤敌一千，自损八百。降低价格具有极其简单的可复制性，但是不具备可持续性。

以我国的彩电行业为例：1996 年，本土彩电企业的竞争进入白热化阶段。长虹宣布，所有品种彩电一律大幅度让利销售，降价幅度8%～18%。随后，猝不及防的其他中国厂家纷纷选择跟进。彩电业的价格大战，就在这样一种"产业报国"的氛围之中，拉开大幕。价格战刚刚开打一个月，长虹的市场占有率就上升到19%，比降价前增加了7.9%。到年底，长虹坐稳了当时的"彩电大王"的宝座。中国每卖出三台彩电，有一台出自长虹，有一台是外资品牌，还有一台才是其他国内品牌。倪润峰逐渐把国内同行们逼到了死角。

此后在1996—1998年，中国的国产电视陷入了一场持久的价格战。1998年长虹在价格战中败落，市场份额第一被康佳取代。在2014年的彩电市场份额调查中，长虹仅仅排名第九。

（2）提升质量

提升产品质量是我国很多企业第二个制胜法宝。还记得1988年的时候，笔者家里买了第一台彩电，花了大概3 700多元，而当时父母的月工资才100元左右。那时候大家说的耐用消费品就是指冰箱、洗衣机和电视机，买一个都要花掉全家一两年的积蓄，因此人们对于这些商品最重要的需求就是质量。这里面还有一个原因就是，不同品牌商品间的质量差异在当时的情况下确实很大。当时的国货还在经历痛苦的学习过程，引进生产线、引进管理技术等，产品的质量还是存疑的。

随着改革开放的深入，一大批国产制造企业兴起，逐步改变了质量落后的局面。这里面有这样一个大家不太注意的原因：大多数的制造业的模块化、集成化技术的发展，使得制造本身变成了组装过程。如果一家企业愿意，可以不生产任何零件，完全通过组装来制造一个产品。产品的差异化减小，质量由于模块化的外购，差异也逐渐消失。在整体上，同一类型产品在质量上，不同厂家的差异也在减小。

质量差异变小的直接后果就是，即便你的质量做得很好，也不能带来足够的竞争优势，而在差异不大的情况下追求高质量，所付出的成本却是非常大的。

（3）创新

创新是运用新的技术、方法或模式更好地满足现有的需求，或者创造出新的需求并加以满足的一整套实现过程（笔者对企业创新的定义）。创新是企业唯一可以长期依赖的竞争手段，大多数行业的优势企业最终会从行业内最具创新活力的企业中脱颖而出。

创新能够解决的行业内问题包括：一是革命性地降低某种生产成本，使得对手被瞬间击垮；二是改善工艺或者流程，使得质量跳跃式攀升；三是发现行业内部的差异化，从而在某个细分市场占据优势。

以上都是创新对于行业内部竞争的影响。此外，创新还能发挥更强的优势，那就是开辟一个新的市场，产生一个新的行业。

2. 创新的层次

根据我们的分析与调查访谈，我们把企业的创新分为以下4个层次：

（1）全新的创造和发明

这一类创新的特点是"无中生有"，创造出以前并不存在的东西，如电灯的发明、电话的发明、核能的应用等都属于这一类别。在大多数人心目中，全新的创造和发明是创新的主体，但是事实并非如此。这一类创新高度依赖少数科学家自身的突破性思维及科技的进步，通常没有可以简单借鉴的方法和工具，更多的是属于随机性事件。在所有的创新中，这一类创新的数量最少，但带来的影响及效益却最高。

（2）突破性的创新工作

使用新的方法和手段更好地满足现有的需求，如互联网＋、智能手机等，其特点是集成多学科的新技术和方法，突破现有的生产和服务模式，更好地满足客户需求。

（3）延续性的创新工作

针对现有的实现方法提升效率或降低成本，如航空公司的常旅客计划、养殖行业的规模化养殖、制造业的群集现象，其特点是深挖现有的资源和方法的潜力，强化竞争优势。

这一类创新是大多数企业内部日常的研究和改进的主要工作内容，可以通过学习一些工具和方法来指导实践工作。

（4）引进先进的技术、方法或流程

创新不仅仅是指创造新的东西，引进我们没有或未知的东西并加以消化同样是创新。这一类创新在中国的互联网公司中体现得最为明显，百度、阿里、小米、滴滴……你可以从他们身上找到 Google、Amazon、Apple、Uber 的影子。虽然 Copy 2 China 一直为人所诟病，但是 Copy 的过程同样也是一个自我学习并升华的过程。

（二）企业创新在产品和服务不同阶段的特点

1. 产品生命周期与企业创新特点

图 2 为产品的生命周期。下面通过对图 2 的分析来论述产品生命周期与企业创新特点。

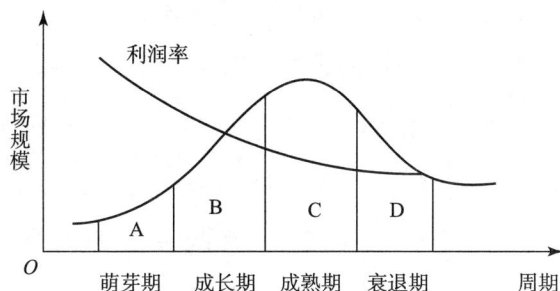

图2 产品生命周期

A 区的创新

在一个市场的初期，也就是图 2 的 A 区域，行业的新开辟者们进入这个市场，引领市场的发展，同时享受高额的利润，市场规模也在不断地扩大，这就是市场对"第一个吃螃蟹的人"的奖励。有的时候"奖金"是非常丰厚的，甚至是一笔持续很久的"养老金"。例如，智能手机早期的参与者黑莓、苹果和 HTC 以及三星等，都在相当长的时间内保持了丰厚的利润，直到产品周期从 A 区过渡到 B 区，他们才产生了分化。

B 区的创新

当产品或者服务已经形成某种行业，或者已经在市场中占据一定规模，这时候产品的生命周期就进入 B 区。B 区的特点是行业内竞争开始加剧，市场虽然还在增长中，但是增长的速度已经开始趋于平缓。与 A 区不同的是，B 区的企业通常将创新活动与降低成本、提高质量或者增加客户满意度的这些持续性的活动联系起来。我们的采访大多数对象都声称，企业的主要与创新有关的研发活动都是集中在成熟产品和服务领域中，"我们不想让客户失望""我们只能把最好的资源用在最重要的客户需求上"等说法中，他们反复强调一件事情，那就是在 B 区的企业，创新的推动力量主要来自于如何更好地满足客户的需求，如何吸引更多的潜在客户关注，而不是创新者的自主创新行为。

对于某个领域的产品或者服务来说，基于以上的原因，B 区企业的创新积极性都是很高的；"利润在显著增加，市场状况看起来不错，客户热情也好，我们干吗不大干一场？"这就是多数企业管理者这时候的主要想法。例如一年前的如火如荼的 O2O 领域发生的故事几乎与此类似。"不打通线上线下，你就没有未来。"互联网大佬们如是说。在这种情况下，创新本身被局限在一个特定的空间中，只能朝着某种既定的方向前行，通常人们把这种方向叫作"产品战略""企业战略"，等等。

C 区的创新

当市场进入 C 区的时候，标志着市场份额已经瓜分完毕，总量已经开始逐步下滑。市场之所以出现下滑，首要原因是市场趋于饱和；其次是原有的或者新的领军企业开发出替代品（或更好的下一代产品），而这种替代品处于 A 区的初始阶段，开始逐步吸引原有的需求向替代品过渡。在这样的情况下，行业的总体利润开始明显下降，即便是领军企业，也已经感到利润下滑的寒冬已经不远。

此时，创新进入新的阶段，主要特点如下：

第一，领军企业的创新主要集中在如何实现突破上，延续性的创新工作速度开始下降。原因是，此时的产品或服务，通过很多厂商的延续性创新工作，已经远远超过用户的需求，剩下的所谓延续性创新成果多数只是起到吸引眼球的作用，实际需求非常有限。随便浏览一下身边的家用电器，你就会发现大多数的功能你都没用过。

第二，由于新进入的企业看到市场趋于饱和，于是不再加入混战，而原有的低端企业由于利润的下滑而出现亏损的情况，也逐渐选择放弃这个行业。利润的压力使得中端和高端都有下移的情况发生（经营的压力会使得企业高管们日益关注数字本身），延续性的创新重点开始从产品或服务本身向经营和生产本身转移。

D 区的创新

当市场进 D 区的时候，标志着市场开始下滑，下一代产品或者替代品开始进入 A 区后端或者 B 区，此时无论是高端、中端还是低端产品或者服务都出现一定程度的需求不足，部分企业开始考虑退出行业竞争，或者转而寻求并购或者重组。D 区的创新趋向于衰竭，如果产品或服务（原材料、大宗商品或者服务业）不会短期消亡，创新工作会逐渐降低，并成为日常工作的一部分；无论领军企业还是跟随企业，都会把创新工作集中在延续性的工作上；如果替代品占优，则 D 区的创新立刻终止。

D 区形态中，行业内的企业已经根据自身的战略开始进行调整，重组和整合成为最优选择；对于利润率已经所剩无几，甚至开始亏损的企业来说，此时最好的战略决策是尽早止损，任何犹豫和拖延都会使本来已经困难的企业雪上加霜，甚至无力转型而倒闭。

（三）传统企业的创新和转型依然大有可为

有人认为传统产业主要是指"劳动力密集型的、以制造加工为主的行业"。站在创新的角度我们认为传统产业是指创新强度低、存续时间久的行业，不仅包括传统的制造业，也包括传统的服务行业。

一说到传统产业，很多人都有一种看法：低端的、低效率的、利润差、未来会被淘汰。这种看法是非常错误的，我们要为传统产业正名：传统产业创新依然大有可为。

1. 传统产业存续时间长是因为需求的确定性和稳定性

以纺织业为例，自从第一次工业革命开始，纺织业就出现了现代意义上的工厂。我国的第一家现代纺织厂是成立于光绪四年（1878年）的上海机器织布局，到今天已经一百多年了，应该是名副其实的传统产业。然而，对纺织业来说，经济的起起落落，消费的需求虽然也会波动，但总是存在的，并且具有相当的稳定性。相比来说，我们现在的高科技产品利润和轰动效应很好，但未来的不确定性也很高。

长期稳定的需求给企业带来创新的好机会，那些拥有创新能力的传统企业会走得很远，直到成为行业中令人仰望的巨头，而那些疏于创新的企业却慢慢被市场淘汰，或是彻底沦为边缘企业。

传统行业的稳定性会受到经济周期比较大的影响，市场的衰退、萧条、复苏、繁荣的4个周期也会影响到传统企业的创新工作。复苏和繁荣期创新活动多，衰退期和萧条期创新活动少，这与依赖技术创新的高科技行业形成比较鲜明的对比，通常高科技行业的创新活动无论在哪个周期都是相对比较平均的。

传统企业的创新工作，通常有这样几个特点：一是创新主要是为了增强行业内的竞争力；二是主要表现为延续性的创新工作，突破性的创新较少涉及；三是非领军企业的创新活动主要依赖于模仿。

2. 传统行业技术成熟度高，创新涉及的范围比较固定

传统行业由于技术成熟，因此改进的工作进展一般比较缓

慢，除非出现突破性的技术革命，传统行业的创新都是在现有技术路径上的延续性创新工作，我国企业更愿意称之为技术升级或者产业升级。这里面的创新工作并不仅仅指技术的创新工作，而是包含了技术、商业模式和信息传播的各个层面。

当行业内的领军企业开始进行某种创新的时候，后续企业自然进行模仿与跟进，有时候把这种复制行为含蓄地称为逆向工程、反编译等。由于行业技术成熟度高，很难对这种赤裸裸的模仿进行限制，企业转而求助于知识产权的保护。另外，由于我国知识产权保护的相对落后，模仿和复制也一直延续进行，变成了一场赛跑，甚至有时候模仿的会占优。这种情况会打击创新的积极性，但是只要企业坚持创新，情况会随着时间慢慢改变。完全的模仿或者复制并不能改变最终的市场定位，你在现实世界找不到这样的案例。

3. 传统企业的创新风险更低

最具有讽刺意味的是，传统行业对于创新（包括所谓转型升级）是最犹豫的，其中的原因多数在于决策者对于所谓风险的考虑。但是从行业历史来看，传统行业恰恰是创新风险最小的行业：一方面，需求的确定性使得创新在某种程度上与原有需求间存在很大程度的关联关系，因此那些颠覆性的、完全没有市场的创新是非常少见的，例如一家餐馆新推出某种菜品，消费者一定不会觉得意外。另一方面，由于行业成熟度高，客户认知度也比较好，简单的创新就可以得到客户的认可，并迅速得到推广，有时候这种创新的简单程度与它的成功比起来会让你目瞪口呆。

三、混沌企业创新系统的构建

（一）企业是一个复杂的系统

1. 复杂系统理论简介

那么首先我们先来了解一下复杂系统的基本情况，再来分析如何提升企业的创新能力。

为了帮助读者更好地了解我们的方法论，我们不得不简单地介绍一下复杂系统论和耗散结构的有关情况。

系统论的创始人通常认为是美籍奥地利人、理论生物学家L. V. 贝塔朗菲（L. Von. Bertalanffy）。他在1937年提出了一般系统论原理，奠定了这门科学的理论基础。1968年贝塔朗菲发表了专著——《一般系统理论：基础、发展和应用》（*General System Theory：Foundations，Development，Applications*），该书被公认为是这门学科的代表作①。贝塔朗菲认为系统的主要特性有整体性、有机性、动态性、有序性。贝塔朗菲特别强调，任何系统都是一个有机的整体，它不是各个部分的机械组合或简单相加，系统的整体功能是各要素在孤立状态下所没有的性质。

1972年12月29日，美国麻省理工学院教授、混沌学开创人之一爱德华·N·洛伦兹在美国科学发展学会第139次会议上发表了题为《蝴蝶效应》的论文，提出一个貌似荒谬的论断：在巴西一只蝴蝶翅膀的拍打能在美国得克萨斯州产生一场龙卷风，并由此提出了天气的不可准确预报性，混沌学也由此发展起来。

中国物理学家郝柏林将混沌理论描述为："一种没有周期性的秩序……是新近认识到的一类无处不在的自然现象。"② 史蒂芬·科勒特将混沌定义为"确定性和非线性系统的不规则且不可预测的行为"③。混沌学的最新研究成果颠覆了我们从亚里士多德以来的逻辑思维结构。从前我们认为，我们可以通过分析分解，把整体分解成运动方向或者性质。然而，混沌学告诉我

① L.V.贝塔朗菲. 一般系统理论：基础、发展和应用［M］. 北京：清华大学出版社，1987.

② 郝柏林. 从抛物线谈起—混沌动力学引论［M］. 北京：北京大学出版社，2013.

③ Stephen H. Kellert. In the Wake of Chaos: Unpredictable Order in Dynamical Systems［M］. Chicago: University of Chicago Press, 1993.

们，你可以研究清楚每个零件以及他们之间的关系，但是在你预测整体的时候依然会出现不可预知的情况。

用一个大家都容易理解的例子说明，我们大家都学过牛顿的万有引力定律，也都知道地球围着太阳转，月亮围着地球转。如果按照标准的牛顿力学公式计算轨道，按照我们的想象，应该可以搞清楚天体运动的轨迹。确实，如果你只计算地球和月亮，或者地球和太阳，你会得到准确的结果；可是如果你想计算这三者之间的运动轨迹，你会发现无论你怎样精细地计算，都不能精确求解，即无法预测所有三体问题的数学情景。三体问题是第一次数学家大会（1900 年）上，20 世纪伟大的数学家大卫·希尔伯特（David Hilbert）在他著名的演讲中提出的23 个困难的数学问题之一，至今也只能在几种特例中进行计算。

换句话说，对于宏观运动的物体，也并非像我们想象的那样，牛顿力学解释一切。何况量子物理学的发展，更是颠覆了人们传统认知的范畴。人们永远不能搞清楚明天遇到什么，我们只是大致知道，明天大概是什么样子，至于真实的结果，只有上帝知道。

说到这里可能有些读者就会失望，既然我们不能精确预测未来的结果，那对于企业这个复杂系统的创新能力研究又有什么意义呢？又怎么指导企业的创新实践呢？我们也是带着这个问题来研究的，答案就是这不仅有意义，而且有着神奇的魔力！

当你放弃对确定性的执着之后，你会打开无数的窗口，每一扇窗户后面都有无数的花朵。企业创新就是一件非确定性的事，你可以做很多计划，投入大量的资源和人力，但你永远也无法知道最终会怎样，能否得到有价值的创新结果，无论对于多聪明的企业家来说，都永远是一个谜。我们所能做的是寻找混沌中的规律而不是追求确定性。

2. 企业创新是一个复杂系统

我们认为企业创新本身就是典型的复杂系统，具备这样的特性：

- 开放性——企业要和外部环境交换资源和信息；
- 非线性——企业的发展本身时快时慢，一段时间扩张，一段时间萎缩；
- 自相似性（源于混沌学的分形原理）——企业的文化和管理方式具有固化的特点；
- 远离平衡态——即企业时刻需要得到外部的物质与能量以维持自身的运行；
- 不确定性——很难准确预测结果。

企业想要技术创新的产品是创新的结果，而怎样实施技术创新却是企业首先要解决的源头问题。我们根据系统科学的基本观点，结合国内外企业的创新实践以及心理学的研究成果，提出了一套适合我国企业创新发展的系统。基本的企业创新系统模型如图 3 所示。

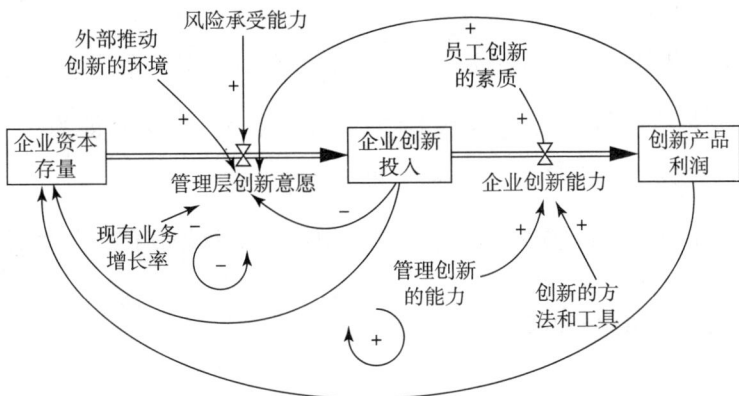

图3　企业创新系统模型图

　　企业想要能够从持续创新活动中收益，前提条件就是创新产品带来的利润大于企业对创新活动的投入，而这一系统受两个调节变量的影响，一个是"管理层创新意愿"，而管理层的创新意愿又受到外界环境的影响；另外一个是"企业创新能力"，企业创新能力我们定义了 3 个影响因子，分别是员工创新素质、管理创新能力和创新的方法与工具。

　　企业通过不断改良这些变量要素，从而全面提升企业创新结果，形成良性发展的体系。访谈中很多企业对此非常感兴趣，希望能尽快给企业进行指导。

　　从上述的调研情况可知，企业需要内部和外部的力量共同推动进行创新工作。内部的力量包括企业提升创新的投入、员工创新素质的提升以及创新的工具和方法，外部的力量包括来自政府提供的创新政策、扶持计划以及行业机构和市场机构提供的创新指导与创新信息。经过研究、总结以及与相关专家的研讨，我们用这样的公式来定义企业在创新方面的能力：

企业创新能力 = 影响创新的管理因素 + 员工创新能力

+ 创新工具和技术

而企业能否实现创新与转型就依赖于企业创新能力的建设。

3. 影响创新的管理因素

影响创新的管理因素包括：

- 企业战略对创新的态度；
- 企业经营对创新的依赖程度；
- 企业对于创新提供的条件和管理措施。

（1）企业战略对创新的态度

首先，在我们调查的题目中，80% 以上的管理者同意，企业战略对于创新的态度对于创新来说至关重要。主要的原因在于企业战略反映最高层的意志，尤其在我国这样一个传统文化比较强势的环境中，等级观念天然地依赖一种"自上而下"的变革意志，即便这种意志本身并不一定起到决定性的意义。

企业制定创新战略或者把创新作为重要的战略目标是企业创新能力的第一要素，虽然很多来自实践领域的管理者或专家认为：很多企业都将创新列为重要目标，但并不是都获得了成功。是的，我们承认这一点，但是就像我们去射击打靶的时候，如果你瞄准 10 环，你不一定能够打中；可是你从来没有瞄准 10 环，你肯定打不中。

制定创新战略不是说一下就可以的，企业家要真正理解创新对于企业的意义。当今技术的演变速度超过人类以往发展的任何时刻，虽说还没有划时代的重大的科学突破，但技术的应用范围和学科的交叉已经极大丰富。以互联网和智能制造为代表的应用技术深刻地改变了原有的商业模式和流通渠道，固守原有的模式将面临极大的困境。因此，企业家要从思想深处进行一场革命，要深刻认识当前企业面临的创新压力，这个压力不是做或者不做。我相信大多数受过良好教育或者长期在商场打拼的企业家不会没有创新意识，区别是能不能意识到企业将要为创新支付的显性与隐性的成本支出。也就是说，要让整个企业的管理层和员工都知道这样一个目标，并且企业也将为实现这个目标支付相应的成本。

（2）企业经营对创新的依赖程度

企业是一个多目标系统，这在前面的文章中有描述。对于创新来说，这个目标的重要性对于不同的企业是不一样的。对于口渴的人，一杯水可能是最重要的东西，而对于吃得很饱的食客，餐后水果只是锦上添花的点缀，虽然很不错，但没有也没关系。因此，当你听到几乎所有企业家都高呼创新的时候，你要知道他们大多数人都只是喜欢创新，但不一定真的把创新当成很重要的事。

追求创新的企业只有两种情况：第一种，创新驱动型企业；第二种，被创新驱动的企业。

（3）企业对于创新提供的条件

创新是需要资源的，企业能够为创新提供的条件和相应的管理措施是创新目标能否执行的物质保证。遗憾的是，大多数的企业都将创新并入现有的工作流程中，以期待在完成日常的工作之余得到"上帝的奖励"。好吧，这样的期待我们每人都有，只是多数情况下我们知道，在我们严格按照某种程序执行一个工作的时候，出差错的概率是很小的。如果你同意这样的观点，那创新也是同样的。在我们按照既定的方法和途径，满足特定客户需求的时候，高价值的创新出现的概率不比出错的概率高。

在这种情况下，你所能做的创新大多数都是延续性的，或者改进性的创新工作。例如，增加了一点额外的服务留住了某个大客户；在生产过程中，减少了一个环节节省了一些成本。这样的工作有价值，但价值并不足以推动企业的发展。

一个真正想要创新作为企业发展重要目标的企业，应该为创新提供哪些条件呢？我们认为主要有3种：

- 创新需要的资源；

- 改变的企业管理流程；
- 形成鼓励创新的企业文化。

4. 影响员工创新能力的因素

影响员工创新能力的因素包括：

- 员工个人的知识储备；
- 员工个人的认知能力与特质；
- 群体的影响。

在我们的调研中，高达79%的管理者认为，优秀的员工素质是企业创新的要素之一。而令人遗憾的是，在回答创新来源的问题时，85%的管理者没有将员工个人兴趣列入创新的主要来源。也就是说，管理者认为员工的创新能力很重要，但事实上，员工个人的主动创新却并不占有主要位置。或者说主要的现状是：企业规划创新，员工执行。

提高员工的创新能力不仅对于执行现有的创新计划有帮助，也能够激发员工个人的创新想法，进而带动企业创新从"自上而下"过渡到"上下共鸣"阶段。

(1) 员工个人的知识储备

毫无疑问，在这个知识大爆发的年代，如果你不具备基本的知识，那么创新的领域就只能局限在屈指可数的生活领域。知识储备有两种情况：一种是对一门学科的深入研究，如美国血液检测公司 Theranos 的老板伊丽莎白·霍尔姆斯（Elizabeth Holmes），一直工作在实验室里，凭借着自己优秀的实验技术，提高了人们血液检测的效率；另一种是涉猎足够多的学科，通过学科的交叉应用，发现创新的机会和灵感。例如，浙江大学经过近一年时间的共同研究，一支由信电系、高分子系、医学院、计算机学院学科教授组成的合作团队完成了一项新型技术，将电子系统与组织再生系统融合，发明出一种具有感知生成、实时监控和调节皮肤修复过程的能力，且能较好地融入生物体的人造电子皮肤系统。①

　　由于企业千差万别，行业发展复杂多变，不能确定哪一种知识结构更能促进员工的创新能力，但是基于应用角度，我们认为基础学科的知识储备更能起到帮助作用。这些包括逻辑学、数学、自然科学、社会学和管理学等。

　　我们强调企业招募员工的时候，要关注知识储备，并不仅限于本专业的内容，而是希望员工具有更多的视野和视角来观察工作本身。

　　（2）员工个人的认知能力与特质

　　拥有足够的知识储备并不足以发展成为创新的能力，否则

---

　　① 焦协中．浙大交叉学科团队发明新型人造电子皮肤［EB/OL］．（2015 - 06 - 30）　［2015 - 12 - 13］ http：//www. news. zju. edu. cn/news. php? id = 41926

存储器早就替代了人类。创新和发明需要一个发现问题、知识加工、逻辑分析和整理的过程。这都离不开人的认知能力。

人们谈论创新，有一个非常不好回答的问题就是，为什么他能想到？人类的心智如何加工知识？是不是存在超级员工？个体是否在认知上有差异？

20世纪中叶以来，认知科学（认知科学以人或动物的知觉、注意、记忆、动作、语言、思维、决策、意识、动机、情感过程和结构为主要研究对象）的发展为人类解释以上问题带来了曙光。20世纪80年代后期的PET技术和20世纪90年代出现的fMRI技术，使人们直接可以观察到大脑的活动，进而揭示以前看不到的人脑认识加工过程。有意思的是，神经科学家和心理学家都做出这样的结论：大脑作为一个整体一定大于其部分之和，大脑一定能产生心智。[①] 这与复杂系统的特征是完全一致的。

我们无意详细地解释这些研究的内容和理论，我们只需要知道在选择承担创新工作的员工时，需要经过相当的筛选，找到那些认知能力较强的员工。这可以通过专门的认知测试进行。我们将在后期的丛书中介绍相关的情况。

人们一直在争论有关天才和普通人的区别，看起来那些伟

[①] 迈克尔·葛詹尼加. 认知神经科学：关于心智的生物学［M］. 北京：中国轻工业出版社，2011.

大的发明家、科学家真的和对门买菜的老张区别很大。然而怎样去描述这些特质呢？心理学家会强调诸如以下的内容：①

● 独立：高度富于创新的人能够顶住遵从常规思维方式的社会压力；

● 兴趣：对于某个问题具有强烈的兴趣；

● 质疑：愿意重建问题，能够对问题提出质疑；

● 复杂：喜欢复杂问题；

● 刺激：需要刺激性的交流。

（3）群体的影响

对于发挥员工的创造能力来说，企业内部群体的影响是最重要的因素之一。融洽的群体氛围能够改善员工的认知能力，提高知识储备进而发挥出创造力；相反的情况则可能造成员工积极性的下降，或者把大量的精力浪费到群体损耗中。

亚里士多德说，"人是社会的动物"。企业就是个小社会，员工的行为和思维方式都受企业这个小社会的影响，同时也受到大社会的影响。我们会花费100元看一场娱乐大片，花费1 000元看一场演唱会，花十几年的时间学习各种知识，认识各种事物，可真正花费一生来认识的就是自我。"我是谁"不仅

---

① 菲利普·津巴多. 普通心理学 ［M］. 北京：中国人民大学出版社，2008.

是一部电影，更是一个问题。这个问题放在不同的环境中会有不同的答案。对于企业来说，"我"就是一名员工，我的行为取决于我在企业扮演的"角色"。如果"我"今天是一个管理者，那么我关心的事情和作为具体执行的员工当然不同。"我"在正常状态下会履行作为企业管理者的全部职责。

（二）混沌企业创新系统的构建要素

那么企业如何进行主动式创新，又怎么达到期望的目的呢？综合前述的内容和管理科学的研究成果，特别是借鉴了复杂系统论、硬系统和软系统等有关学术成果，笔者认为，企业想要实现主动式创新，必须构建创新系统，这一体系基本包括如下的内容（图4）：

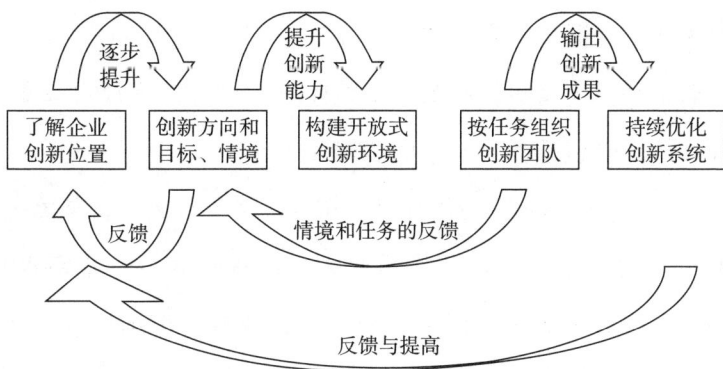

图4 混沌企业创新系统模型图

①了解企业所处的创新位置；

②设定方向和目标，并进行情景化；

③构建开放式的环境和条件，提升企业创新能力；

④依照任务组建若干小型团队；

⑤持续优化创新系统。

（1）了解企业所处的创新位置

这是企业创新系统的第一步，也就是企业的自我认知。企业的自我认知包括对所处宏观环境的分析、行业分析、企业自身分析和创新现状分析。

宏观环境分析有很多现成的工具，如 PEST 分析等。对于创新系统来说，宏观环境分析主要是为了制定更有利于企业的创新策略，避免与宏观环境相背离。

● P（Politics）政治法律环境：

政治环境主要包括政治制度与体制、政局、政府的态度等，法律环境主要包括政府制定的法律、法规。

● E（Economy）经济环境：构成经济环境的关键战略要素有 GDP、利率水平、财政货币政策、通货膨胀、失业率水平、居民可支配收入水平、汇率、能源供给成本、市场机制、市场需求等。

● S（Society）社会文化环境：影响最大的是人口环境和文化背景。人口环境主要包括人口规模、年龄结构、人口分布、种族结构以及收入分布等因素。

● T（Technology）技术环境：技术环境不仅包括发明，而且还包括与企业市场有关的新技术、新工艺、新材料的出现和发展趋势以及应用背景。

当前的宏观环境是有利于企业实施创新转型的，企业要充分利用国家提供的优惠税收政策和扶植政策制定创新策略。

企业创新现状分析就是要确定两个重要的问题：一是企业创新所处的位置，在前文中提到的层次中位于哪一个层次；二是企业有多少资源、人员可以投入创新领域。

第一个问题是一个确定的答案。对于大型企业，可能在诸多层次都有涉及，那么怎么确定企业的创新层次呢？我们主要看哪一层次对于企业的业务影响最大，如果是延续性创新支撑了企业的主营业务，那么我们就认为企业的创新层次位于第二层次。

确定企业创新层次的目的在于帮助企业理性地制定创新策略和方向，不能超越现有条件盲目追求高层次的创新活动，这样不仅成功率低，而且会消耗掉很多不必要的成本。例如，一家以模仿和复制为主要手段的制造企业，当务之急是在复制的基础上进行某种程度上的延续性创新工作，而不是追求行业的突破或者发明创造。在这里，笔者要声明的是，我并不反对复制层次的企业进行突破式的创新，而是要提醒这样的企业决策者，跨越层次的创新活动需要消耗的能量远比逐渐提升消耗的能量高。

阅后即焚应用 Facebook Poke①

当 Facebook 也推出了"阅后即焚"产品后，所有人都替 Snapchat 捏了一把汗。但结果，Facebook Poke 除了在刚推出时受到关注后，很快就在市场中寂静无声，而 Snapchat 却依旧保持着自己高关注度的优势。

这对 Facebook 这种大公司而言，着实是一个不小的打击。因为这意味着，想要追赶小公司在某一领域的优势，并非一件容易的事情。

（2）制定企业创新的方向、目标和情境

在充分了解企业自身情况的基础上，制定企业创新的方向、目标和情境是构建企业创新系统的第二步。正如前文中提到的，不同的创新层次，管理的控制能力不同，因此不同层次的企业在制定策略的时候也是不同的：创新层次高的企业倾向于制定方向而不是具体目标，创新层次低的企业更注重于具体目标。我们建议重视创新的企业设置专门的首席创新官（CIO，Chief innovation Officer）。CIO 不仅作为企业的创新管理者，同时也是创新策略和任务的最终发布者，可根据需要安排多个任务管理者。

---

① 王鑫. 被高估的创新产品：颠覆之路上的失败案例［EB/OL］.（2013 - 12 - 30）［2015 - 10 - 23］http：//tech. qq. com/a/20131230/006078. htm.

不过按照创新的非确定性特点，笔者不建议企业制定过于详细的创新目标，最好能够把目标转化为具体情境，这样更有助于创新团队发挥创造力，比制定具体目标能产生更好的结果。

（3）构建开放式的创新环境

北京中关村原来有一个图书城一条街，是各种图书的集散地，以辅导教材类图书销量最大，也兼营畅销类图书、特殊类书籍等。后来网络购书越来越普及，图书城一条街就逐渐没落。大约从 2012 年起，陆续出现了很多开放式的咖啡屋，这些咖啡屋不是普通的售卖咖啡的地方，而是提供创业者注册，交流创业信息，寻找创业伙伴和风险投资的地方。至今，这个地方已经发展成为创业大街。

开放式的创新环境对于企业来说，不仅像创业咖啡屋一样，需要一个自由的、开放的办公环境和沟通环境，还需要企业做得更多，最主要的是提升整体的创新能力。

开放的创新环境包括畅通的沟通渠道、信息的无障碍流动、高创新能力人才的选拔机制、自动适应和灵活多变的组织管理方式以及创新工具和创意的分享。企业的高层决策者是开放创新环境的推动者，高层决策者应该划出专门的区域并参与到这个环境的建设当中，并为环境的建设提供必要的资金支持；企业人力资源等部门应该参与开放式创新环境的建设，包括提供足够的知识、技能和创新工具类的培训以及帮助企业寻找真正具有创新能力的人才以及管理者。

对于期待突破性创新成果的企业或者需要涉足新领域的企业来说，通常应该成立独立的创新研究机构。在与海信集团研究院王志刚总裁的访谈中，他对海信的操作方法描述如下：

海信把创新理解成两步：第一部分叫颠覆性的创新（就是本书所说的突破式创新）；第二部分就是间接性的创新（也就是本书所说的延续性创新）。我们不断地在改善自己，大部分是间接性的创新。当然有些是技术上的，有些是管理上的。技术上的创新对应颠覆性的创新。海信有一个叫作技术孵化产业的模式，它的具体做法就是基本上引进一个团队，或者招聘一个团队，从事这方面的研究。这些研究是比较超前的，基本上领先产业5年以上。

研究完了以后，如果成果有可能会成功，或者研究成果具备一定商业化的价值，就会把这批做技术的人孵化出去，成立一个公司，真正地公司化运作。

我国企业在创新方面普遍存在的问题是形式化严重，成果不突出。模仿一个别人的做法很容易，但很少能像模仿对象那样持续地得到创新成果。究其主要原因是，创新能力不足。一是企业管理缺乏对创新的管理能力；二是员工普遍缺乏创新能力。这些都需要逐步解决。

（4）按任务组建创新团队

组建创新团队是一个很重要的事情，不仅涉及人员的选拔，还涉及员工自身的创新能力和个人的意愿。团队的组建要根据任务的性质和内容进行，按照创新的情境自由地组成多个任务团队。很多企业喜欢组成固定的创新或者研发团队负责企业的创新工作，这对于延续性的创新工作确实是有意义的，但是对于突破式的创新或者涉及跨界的情境时，这种团队往往无法应对。

最佳的组建团队的模式应该是采用创新项目管理制度＋创新人才资源池，也就是项目管理者与创新人才自由组合。创新项目管理工作不同于传统的项目管理。传统的项目管理工作有着精细的计划、执行和监督控制过程，而创新项目的目标通常不能精确设定，也就不能有完美的计划和执行过程。创新项目的管理工作比较类似于敏捷项目管理，也就是任务趋近式的管理方式，同时要求参与者的高度互动和活跃。

（5）持续优化创新系统

每一次的创新任务完成以后需要进行总结，所得到的经验和教训都要进行必要的记录和整理。每过一段时间要对整个创新系统进行检讨，通过不断的努力取得连续不断的小步的改善，从而达到优化系统的目的。

由于每个企业策略差异，员工和企业的创新能力差异以及行业特点的差异，企业的创新系统本身也会有较大的不同，因此照搬别人的创新系统本质上不能够解决自身的问题。这是个常识：复制产品是可能的，复制创新能力是不可能的。

基于孵化服务机构视角下浅谈创新

孙学智　李　杰　周立军

引　　言

随着 2014 年 9 月中国总理李克强首次提出了"大众创业、万众创新"的口号，在中国掀起了万众创业的大潮。作为创业的服务机构，孵化器如雨后春笋般地出现，2015 年新成立的各类孵化器的数量超过 3 000 个，是自 1987 年中国第一个孵化器成立开始至 2014 年为止所有孵化器总数量（1500 个）的 1 倍以上。截至 2016 年 3 月，仅广东省一地新成立孵化器数量达到2 000 个。

然而"双创"大潮下的创新创业服务机构——孵化器及众创空间的生存创业也极其堪忧，2016 年 2 月媒体曝出中关村创业大街上的著名民营科技企业孵化器拓荒族咖啡因资金断裂导致员工出逃，因没有明确的盈利方式、粗放的服务模式等问题面临倒闭。2016 年 4 月深圳最大的众创空间——凤凰机构也被爆出欠交房租被清理出场。孵化器提供的主要"产品"是面向初创企业的孵化服务，孵化器成立的数量虽然多了，但孵化服务的内容不规范、服务质量低下，服务能力不足等原因导致无法真正满足创业企业的需求。孵化器的孵化服务水平不高直接成为孵化器掣肘创业者发展的顽疾。

而孵化器对创业者及创业单位的选择也是有一定标准的，这个标准最重要的是体现在初创企业及创业团队所进行创业项目的创新性上。现阶段进入孵化器及众创空间（早段孵化器）的创业者目前由大量的大学生群体构成，这就需要详细研究大学生创业动机的初始原因及个人原因中人格特征对创新行为的影响。另一部分创业企业是基于创始人原供职的大企业，通过原企业的创新环境，促使创业者对创业机制下的创新要素构成进行分析。

一、孵化器的定义及功能

孵化器本意是指通过人工手段模拟温度、湿度、压力等母禽孵育条件将禽蛋进行孵化破壳的综合设备。孵化器在中国现在多指通过提供有偿孵化服务帮助初创企业完成创业早期阶段的各类服务机构。

（一）孵化器的定义

20世纪50年代美国首次在经济领域提出了孵化器的概念。1956年美国的 Joseph Mancuso 依据自己的商业经验和理念，开始了这方面的实践：在固有的建筑物中，吸引有志于创业的"潜在企业家"带着创业项目到那里"孵化"，为他们提供种种创业服务，促使创业成功。他受到母鸡孵化鸡蛋成为小鸡的启发，并于1959年在纽约成立了第一个具有孵化功能的机构——"贝特维亚工业中心"，率先提出了"企业孵化器"的概念。

中国的孵化器源于1986年，时任国务委员的宋健邀请当时就职于联合国开发计划署的联合国科技基金会（UN Fund for Science and Technology）主席鲁斯坦·拉卡卡来中国考察，该组织致力于向广大发展中国家推动企业孵化事业。后他协助中国于1987年建立了第一个孵化器武汉东湖创业服务中心，因此他也被尊称为"中国孵化器之父"。鲁斯坦·拉卡卡对孵化器的定义是：孵化器本身是一个系统，是专门为扶持新创的科技型企业而设计和运行的体系。这也形成了中国企业孵化器与国外孵化器方向性的不同，中国的孵化器一般就专指科技企业孵化器。

国内的科技企业孵化器的主管机构为科技部火炬中心，根据中国科技部《关于印发〈科技企业孵化器认定和管理办法〉的通知》（国科发高〔2010〕680号文件）规定，科技企业孵化器是以促进科技成果转化、培养高新技术企业和企业家为宗旨的科技创业服务载体。孵化器是国家创新体系的重要组成部分，是创新创业人才培养的基地，是区域创新体系的重要内容。

基于孵化器主管部门给出的定义，及孵化器领域的蓬勃发挥发展，国内一些学者通过研究国外孵化器的内涵丰富了中国孵化器的定义。赵黎明认为科技企业孵化器是指通过特定的空间内提供集中、共享的资源与服务，以促进科技企业进化的中介组织。它通过为创业者提供场所、共享设施、法律与管理咨询、融资等方面的综合服务，降低新创企业的风险和成本，帮助创业者把发明和成果尽快转化为商品进入市场，并为社会培养成功的企业和企业家。边伟军等认为，孵化器是一种向在孵企业提供战略性、有附加值的干预控制和商业支持的共享空间设施。景俊海将孵化器定义为新生中小企业聚合的、含有中小企业生存和成长所需的共享服务项目的系统空间。钱平凡认为孵化器是一种介于市场与企业之间的新兴社会经济组织。还有一种观点是认为孵化器是一种社会公益组织。

经过 29 年的发展，中国的孵化器在数量上已经超过美国，成为世界上孵化器数量上最多的国家。数量多不意味着成熟度高，国内孵化器孵化服务水平及服务能力依然很落后。"双创"大形势下流行的众创空间其实也是孵化器，因此国内的众创空间也叫早期孵化器或孵化器前端。众创空间是指由企业自主发起，以盈利为目的，将创新、社团相结合，面向某个专业领域创新创业群体开放的空间，其本质是孵化器。

（二）孵化器的功能

国内外孵化器的功能由其设立的目标不同而各有特点。孵化器的设立目标一般认为是向经过筛选的入孵企业以其能负担得起的费用标准提供服务和设施，并使入孵企业价值快速增长，帮助这些初创企业生存并成长。

美国 NBIA（National Business Incubation Association）对企业孵化器的目标定义是：在向新企业提供便宜而富有灵活性的场地的同时，通过提供各种支持性服务，为管理、技术、融资援助牵线搭桥，提供与其他专家和企业家的交流机会等，从而达到促进企业成长和发展的目的。从其目的衍生出孵化器的两种功能，一方面要通过协助初创公司起步，提高存活率，来促进当地经济发展，降低失业率；另一方面激发企业将大学、研究中心的成果转换成实际的生产力。

我国科技部火炬中心作为科技企业孵化器的最终主管部门，在2010年发布的《关于印发〈科技企业孵化器认定和管理办法〉的通知》（国科发高〔2010〕680号文件）中指出中国孵化器的目标是：落实自主创新战略，营造适合科技创业的局部优化环境，培育高端的、前瞻的和具有带动作用的战略性新兴产业的早期企业，贡献于区域产业升级和经济结构调整，促进经济增长方式转变；落实人才强国战略，以孵化器为载体，以培养科技创业人才为目标，构建并完善创业服务网络，持续培养、造就具有创新精神和创业能力的创业领军人才，吸引海内外科技创业者服务于创新型国家建设。

中国孵化器的主要功能是以科技型创业企业（以下简称在孵企业）为服务对象，通过开展创业培训、辅导、咨询，提供研发、试制、经营的场地和共享设施，以及政策、法律、财务、投融资、企业管理、人力资源、市场推广和加速成长等方面的服务，以降低创业风险和创业成本，提高企业的成活率和成长性，培养成功的科技企业和企业家。

无论国内外根据孵化器对推动社会经济发展的角度都存在微观功能和宏观功能两个方面，即微观服务功能和宏观经济社会功能。微观服务功能方面主要有 Allen（1990）在对 13 个孵化器中的 58 个在孵企业研究后提出的孵化器的物理空间、管理、融资、商务、专业商务 5 大类服务功能。张景安依据早期国内孵化器提出了 10 项服务功能：在孵企业入孵与毕业，提供孵化场地、通信等服务设施，物业服务、税务、财务等商务服务，咨询服务，企业管理，人员培训，融资服务等。张冬第等（2005）进一步指出中介服务、项目资助与金融支持是其核心服务功能。

宏观经济社会功能。一般认为孵化器能够创造就业岗位及税源，而早期实证研究却表明孵化器和在孵企业并不是理想的工作机会创造者，但却是成本较低的经济发展工具。而国内一些学者依然认为孵化器是促进就业的工具，黄涛认为孵化器可以创造大量就业机会，张冬第等认为孵化器可以提供就业机会、创造税源。

从社会学角度上关于孵化器的功能论实际上也有学者反对，王路昊等认为国内外强调孵化器的功能虽然在一定的历史时期具有明显的效果，但在孵化器的发展过程中，过分强调各孵化器的功能一致性及目的性，并不能完全解读那些成绩优秀的孵化器是怎么做到卓越，并被业界普遍称之为"例外"的。

（三）孵化器的分类

国外的孵化器一般是以客户为导向而建立的，基于在孵企业或待孵企业的需求来决定孵化器的运营主体是哪些机构，从而形成不同机构运营的孵化器面向的就是不同的客户需求。Grimaldi 和 Grandi 将孵化器区分为四类：创新中心（Business Innovation Centers）、私营孵化器（Independent Private Incubators）、大学孵化器（University Business Incubators）和企业运营的孵化器（Corporate Private Incubators）。随着社会的信息化水平发展，一些新形式的孵化器也随之出现，这就是虚拟孵化器或者叫网络孵化器。

国内孵化器从收入角度上有三种主要收入，按收入规模分为房租、政策性补贴和孵化服务费。政府补贴性收入是基于孵化器在政府不同的分类标准下取得相应资格后，由政府部门基于财政资金给予的。因此中国的孵化器几乎全部都是按照政府主管部门的分类标准进行分类的。中国孵化器及孵化机构主管部门分类如图 1 所示，以北京为例。

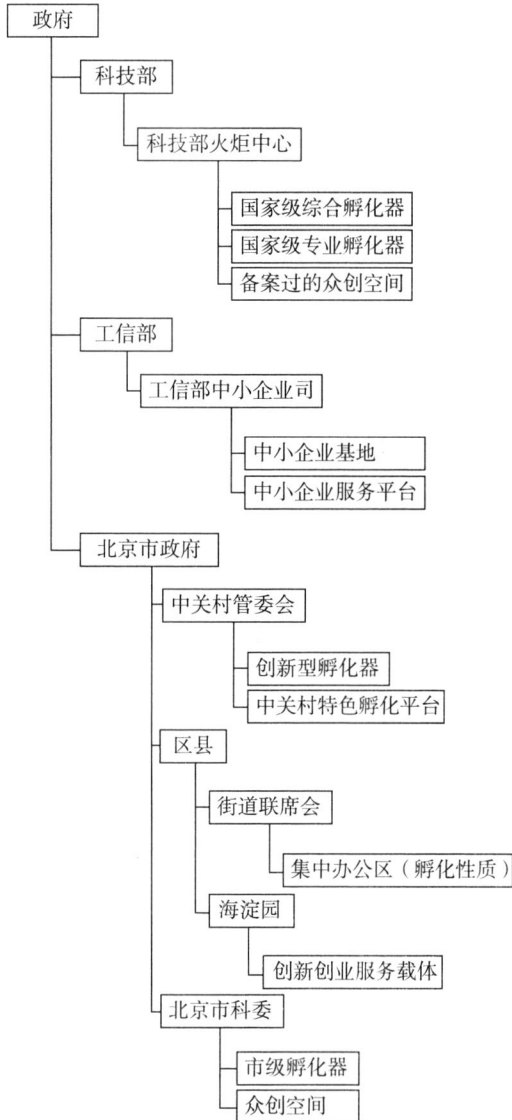

```
政府
 ├─ 科技部
 │   └─ 科技部火炬中心
 │        ├─ 国家级综合孵化器
 │        ├─ 国家级专业孵化器
 │        └─ 备案过的众创空间
 ├─ 工信部
 │   └─ 工信部中小企业司
 │        ├─ 中小企业基地
 │        └─ 中小企业服务平台
 └─ 北京市政府
      ├─ 中关村管委会
      │    ├─ 创新型孵化器
      │    └─ 中关村特色孵化平台
      ├─ 区县
      │    ├─ 街道联席会
      │    │    └─ 集中办公区（孵化性质）
      │    └─ 海淀园
      │         └─ 创新创业服务载体
      └─ 北京市科委
           ├─ 市级孵化器
           └─ 众创空间
```

图 1　中国孵化机构管理单位情况（以北京为例）

图1可见科技部主管的各类孵化器基本名称上都被称为孵化器，工信部门认定的孵化器及具有孵化功能的机构被称为基地及平台，北京市认定的各类孵化器被称为孵化器及众创空间，中关村管委会认定的孵化器为创新型孵化器及特色产业孵化平台，以街道为主体的联席会认定的具有部分孵化职能机构为集中办公区。

我国孵化器大致从不同的角度分为九大类：

（1）按技术导向划分，可分为：综合技术孵化器，孵化器内有若干技术门类的在孵企业；专业技术孵化器，聚焦于某项专业技术。

（2）按所有制关系划分，可分为：国有孵化器，国有企业或事业单位所建的孵化器；民营孵化器，私营资本投资建立的孵化器；混合所有制孵化器，国有资本和民营资本联合建立的孵化器。

（3）按投资主体划分，可分为：政府孵化器，政府出资建立的孵化器；大学孵化器，大学投资建立的，建在大学内或靠近校园的孵化器；院所孵化器，科研院所投建立的孵化器；国企孵化器，国有企业投资建立的孵化器。

（4）按代理契约关系来划分，反映了创办人的根本目的和要求，可分为：营利型孵化器，投资者以孵化器运营利润进行分红为目的的孵化器；非营利型孵化器，投资者不以孵化器运营的利润分红为目的的孵化器。

（5）按孵化对象的特定人群属性划分，可分为：海外留学人员孵化器，指专门为中国在国外留学的学生、学者回国创业而建立的孵化器；大学生创业园，为新近毕业的大学生、硕士研究生、博士研究生创业而设立；国际企业孵化器，以国外创业者为主，同时提升本国中小企业国际化水平，促进国际交流与合作。

（6）按照是否有经营场所划分，可分为：实体孵化器，有具体的经营场所，可为在孵企业提供物理空间；虚拟孵化器，没有实体的孵化场地，主要通过网络等为企业提供孵化服务。

（7）按组织体制来划分，可分为：公司型孵化器，按照现代企业制度组建起来的孵化器，兼顾公益和营利的双重目的；事业型孵化器，由政府拨款建立起来的事业单位体制孵化器，以公益服务为目的。

（8）按照孵化对象来划分，可分为：内生型孵化器，多为大公司建立，孵化自身技术项目，使之成为企业或新事业；外源型孵化器，孵化企业全部来源于孵化器外部；混合型孵化器，既孵化公司内部的创业企业，也孵化来自于公司外部的企业。

（9）按增值模式划分，可分为：地产型孵化器，多依靠开发新地产或盘活既有物业获利；投资型孵化器，依靠投资与所孵化的在孵企业产生的增值获利。

上述这些孵化器的分类仅仅是从各个角度，抽出了其特征的单一方面，而单一特征对相应的政府主管部门可进行归口。

事实上绝大多数孵化器是具有多种特征的，构成上述分类的多种组合，也就意味着孵化器归属多个政府部门管理。多部门管理对于孵化器的形成和发展早期具有推动作用，但现在也给孵化器造成了困惑，即形成了以政策性补贴为重要收入来源，多部门考核各有不同，迎合考核标准才可以拿到补贴，而非以成功孵化出多少创业企业后孵化器收入提高的一种特殊绩效形态。

目前孵化器及众创空间内的创业者多以大学生为主体，以二次创业者或连续创业者为重要构成部分。

二、研究大学生人格特征对创新行为的影响

面对孵化器及众创空间里众多的大学生创业者，有效地研究他们的创业动机、创新能力对孵化器的运营和保障初创企业成功率具有明显的作用。

（一）大学生人格特征对创新行为的影响

人格结构研究的早期工作主要是用来描述个体行为的一些持久而稳定的特点。常见有害羞、进取、顺从、懒惰、雄心、忠诚以及畏缩等。当一个人在各种情境下都表现出这些特点时，我们称其为人格特征。这些特征越是稳定，在不同情况下出现的频率越高，那么在描述个体行为时就显得越重要。

随着学界对创新的关注兴趣日渐浓厚，人格特征和创新行为关系研究也逐渐成为一个焦点问题。比较典型的人格特征理论有卡特尔人格特征、奥尔波特的人格特征论和大五人格理论，这些理论也被应用在人格特征对创新行为的影响研究中。本文基于的人格特征理论是 Goldberg 于 1982 年提出的大五人格理论，它包括宜人性、外向性、尽责性、神经质和开放性，是在人格特征对创新行为影响研究中较为常用的理论之一。潘家敏、王晓姿、冯家裕研究表明大学生的宜人性和开放性可正向预测创新能力。其他学者也有类似的结果，于子涵、褚福磊研究表明外向性和开放性与创新行为显著相关。Mount，M. K. 和 Barrick，M. R. 认为的开放性个体多数是富有想象力的、心胸开阔的、好奇的，不是传统闭塞的。因此，本文认为大学生的创新人格特征会有助于他们多与外界交流，发挥他们的想象力，促进创新行为的产生。人格特征与创新行为显著正相关。

（二）大学生创新自我效能感对创新行为的影响

自我效能感在各个领域中被广泛研究，创新领域就是其中之一。Tierney 和 Farmer 在 2002 年提出了创新自我效能感这一概念，它也常被译为创造力自我效能感，指的是个体对自己某种创新行为能力的判断和评估而形成的对自身能力的信心或者信念。

一些学者把重点关注在学生的创新自我效能感与创新行为

之间的影响，研究发现创新自我效能感对学生的创新性思维有比较强的预测作用。本研究认为拥有较高水平的创新自我效能感的学生更加能够对自己未来面对的具有挑战性的任务表现出自信，这将有利于创新行为的产生。创新自我效能感对创新行为具有显著正向影响。

（三）创新自我效能感的中介作用研究

许多学者的研究表明创新自我效能感对创新行为有显著正向影响，但是创新自我效能感与非认知变量的关系在学界的研究中仍有一些差异。大量的研究表明非认知变量通过创新自我效能感的中介作用影响创新行为，如顾远东、彭纪生发现组织氛围通过创新自我效能感的中介作用影响创新行为，Gong 等发现创新自我效能感在变革型领导与学习导向之间起中介作用；但是也有学者的研究结果与上述发现不一致，桂诚通过调查300名在校大学生，发现创新自我效能感通过学习氛围这一非认知变量的中介作用能够更显著地影响学生的创新能力。

不仅在创新自我效能感这一研究领域中介关系被广泛研究，学业自我效能感这一研究领域中也有关于中介变量的相关研究。Honicke 和 Broadbent 在 2016 年的文献综述中研究了 2003 年 9 月到 2015 年 3 月的大学生学业自我效能感与学业表现的相关文献，发现一些认知变量在学业自我效能感和学业表现间起中介变量的作用，如元认知、学业拖延等，而学业自我效能感作为中介变量影响一些非认知变量和学业表现之间的关系，如家长参与、人格特征中的自觉性等。创新自我效能感和学业自我效能感分别是自我效能感在创新与学业领域的研究。本文的研究背景是大学生环境，两者有相通之处。基于以上研究和理论，本研究认为创新自我效能感在人格特征这一非认知变量与创新行为之间起中介作用。

图 2 为创新行为、人格特征与创新自我效能感的相互作用示意图，其中，H1 表示人格特征对创新行为显著正相关，H2 表示创新自我效能感对创新行为具有显著正向影响，H3 表示人格特征对创新自我效能感具有显著正向影响，H4 表示创新自我效能感在绩效导向和创新行为间起中介作用。

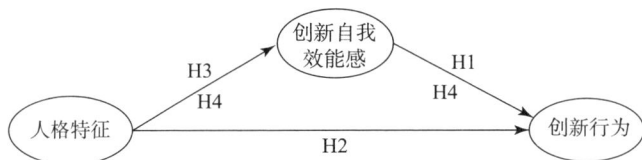

图 2   创新行为、人格特征与创新自我效能感的相互作用

通过上述维度的研究，我们得到的研究结果表明人格特征对创新自我效能感和创新行为有显著正向影响；本研究还发现性别、年级这些人口学变量对大学生的创新行为影响并不显著，年龄对大学生创新行为有较为显著的影响。这些研究结果对了解大学生特点及大学生创新行为的影响因素有一定现实意义，对大学生培养有一定启示，基于此我们提出以下建议：

第一，加强锻炼并促进沟通，培养学生创新人格特征。学生的性格可以通过大学四年的锻炼和培养使得他们更加开放和自信，对新的事物不畏惧并勇于挑战。比如让学生成立创业团队并进入对应行业孵化器及众创空间以提高其自我效能感。

第二，增强学生的信心，提高学生创新自我效能感。通过举办创新型比赛等措施，对学生进行奖励认可，提高学生对自己创新能力的信心。通过培养学生的自信感来促进学生创新成果的产出以及创新能力的提高。

第三，男生多督促，女生多鼓励。女生相对于男生人格特征和创新行为得分较高，但是男生的创新自我效能感高于女生，说明男生对自己创新能力的信心高于女生，这可能是由男生和女生的群体差异决定的。对于男生应该督促他们多多实践，把信心和能力转化为创新成果，对于女生则应多语言和精神鼓励，提高她们对自己创新能力的信心。

三、企业创新生态系统的构建要素

在孵化器中还有一个创业的主要群体为二次创业者及连续创业者，这些创业者来自于一些大型的企业，并受到大企业已有的创新体系影响而自主创业，因此研究成熟的创新型企业中的要素，对于了解创业者的创新能力及创业长效具有明显的作用。

（一）企业创新生态系统

近些年，生态系统的概念逐渐被引入管理界，企业生态位理论的诞生是社会经济快速发展和企业适应复杂多变的市场环境的必然结果，也是企业管理思想的进一步发展和完善。基于自然界生态系统观，与自然界的生物物种的发展相似，任何企业组织都不能独立存在，都与其他组织和个人及其所处的环境之间有着复杂的、非线性的直接或间接联系，企业的行为与其所处的环境之间相互影响。对任何一个企业而言，其面临的外部生存环境主要包括与其有联系的其他企业和社会经济环境，企业与其外部环境通过物质和能量的交换，实现价值的增值，进而构成一个有机的整体。

很多学者在相关研究中都涉及对企业创新生态系统的概念界定，本文梳理了国内外具有代表性的不同学者的定义，详见表1。

表1　企业创新生态系统的概念文献梳理

定义视角	学者（年代）	概念界定
网络视角	Iansiti&Levien（2004），Ginsberg（2010）	中小企业创新与发展与创业者、创业团体形成一个软性的网络环境，且互相影响，互相制约

定义视角	学者（年代）	概念界定
技术协同	Adner（2006）	企业与影响到该企业创新和发展的所有个人、组织等构成的一个松散性、开放性的网络系统，系统内部的各个主体彼此影响，相互依赖，共存共亡
	陈斯琴，顾力刚（2008）	在一定时期和一定空间内，由企业技术创新复合组织与企业技术创新复合环境，通过创新物质、能量和信息流动而相互作用、相互依存形成的整体系统
	张运生（2008）	企业的创新和发展受到个体、群体、组织的多重控制与影响，构成一个共生网络系统，且内部各节点相互依赖，不可分割
共生战略	靳洪（2011）	企业以开发新的发展领域、实现新的顾客价值为共同目标，以一定的利益机制为纽带，形成相互依存、共同进化的企业战略创新体系
创新平台	Nambisan（2011，2013）	各个企业围绕某种创新或者创新平台面协同合作，形成的一种松散互联、相互依赖的公司网络

从表1可以看出，基于网络视角，企业创新生态系统和企业创新网络在概念界定上有相似之处，都被看作是企业进行创新活动时与影响到该企业的所有相关的组织或个人之见的关系总和，即在创新过程中围绕企业形成的各种正式与非正式合作关系的总体结构，具有开放性、动态性、多样性、复杂性等特点。但企业创新生态系统的概念强调的是从生态系统的视角出发研究企业间协同创新网络，在本质上更突出了系统内部的创

新主体间通过不同层次的合作而自发地创造新的价值和能量，以及企业间相互依赖、共存同亡的类似自然界生物物种间生存和演化的过程，强调生态观的动态演化性和相互依存性。

（二）核心企业概念界定

在企业创新生态系统构建和运行过程中，通常存在着一个或多个起领导作用的核心企业，它们利用其独有的竞争优势在系统中发展壮大，与系统成员之间建立不同层次的合作关系，对整个系统的健康运行起到至关重要的作用。对于创新生态系统中的核心企业（core firm），在现有文献中还没有学者对其进行准确的、科学的概念界定，在不同的相关研究中对其称谓也有所不同，比如中心企业（hub firm）、领导企业（leading firm）、焦点企业（focal firm）。

国外学者从规模、技术、知识、系统等四个主要视角定义创新网络中核心企业的概念，相比之下，系统视角的核心企业定义更能把创新生态系统的多种要素整合在一起，更加符合实际情况。即核心企业处于系统的中心位置，有能力构建和维持一个以自身为核心的创新网络，共享并整合系统内部创新知识等资源，选择和决定其他企业的去留，拥有关键独特的技术或资源，激发系统的创造性来获取外部市场。本文以此为基础，对国内外代表性学者对创新生态系统中核心企业的概念界定进行文献梳理，发现提供创新平台和将最终产品推向市场等特点也是界定核心企业的标准。具体详见表2。

表2 企业创新生态系统核心企业界定标准

研究者（年代）	研究视角	研究对象	合作方法
刘志耘（2009）	技术协同	无	核心企业在选择合作伙伴时可以运用基于模糊优选方法来构建伙伴选择决策模型
Williamson&DeMeyer（2012）[19]	生态战略	安谋、苹果、谷歌等	核心企业从以下3个方面选择合作伙伴：构建差异化的合作伙伴角色、刺激互补性合作方投资、降低合作交易成本
曾德明（2013）	平台定价模式	高科技企业	以零价格获取蚂蚁经济效应并联动销售其他盈利产品的免费模式，借助交叉网络外部性捆绑销售相关产品的价格补贴模式，以专利交叉许可和专利组合许可为基础的技术标准定价模式以及包含单向定价和双向定价的平台定价模式
Leten、Vanhaverbeke等（2013）	知识产权模型	纳米电子学公共研究院	核心组织通过与不同层次的合作伙伴建立不同的知识产权定价模型，来有效管理知识产权，实现系统内部利益分配的最大化
Oliver（2013）	选择性知识揭露	无	核心企业根据创新目标和知识揭露形式选择以下4种知识揭露战略：扩散问题（共同寻找解决方案）；制定议程（核心企业领导其伙伴制定未来方案）；发展产品（企业间知识共享的互惠行为）；细分市场（寻找和创造关键技术创新轨迹）

如表2所示，企业在创新生态系统中的核心地位的界定标

准，出现频率最高的是核心企业有能力构建、影响和维持生态系统的运行以及能够整合和分享系统内部创新资源（100%）；其次是核心企业处于系统的中心位置，扮演系统领导者的角色以及能够选择和决定其他系统成员的去留（70%）；第三是核心企业为系统提供创新平台（60%），第四是核心企业能够激发系统内部的创造性获取更多的外部市场（50%）；出现频率最低的是核心企业拥有独特的关键资源和技术创新以及是最终产品的提供者（30%）。

虽然针对核心企业在创新生态系统的界定标准没有在学术界达成共识，如何系统地、科学地对核心企业进行识别，还有待进一步研究。但通过表2的文献梳理，本文提出，核心企业处于整个企业创新生态系统的中心，有强大的实力优势来构建一个以其本身为核心的创新生态系统，为系统内部成员提供一个创新平台来整合并分享系统内外部创新资源，制定并实施管理合作伙伴的准入和运行机制，不断增强系统的创造性，促进自身发展的同时维持整个系统的健康运行。

（三）核心企业视角的企业创新生态系统组成部分

学者们主要从商业生态、创新网络和技术协同等视角分析企业创新生态系统的组成部分，且不同视角的企业创新生态系统组成部分有不同的侧重点。具体详见前文表1。

针对企业创新生态系统的组成部分，已有研究基于商业生态、创新网络和技术协同等不同视角对其进行了划分，并突出了不同的侧重点，但多数研究都是将企业作为一个个体来分析企业创新生态系统的组成部分，且大多都是基于技术创新作为企业间主要的连接机制，缺乏从核心企业视角出发，对核心企业的技术创新与非技术创新等不同创新管理维度进行整体、综合的分析，因此，本文试图从创新管理的不同维度对核心企业进行创新活动过程中构建的企业创新生态系统组成部分进行划分，探索企业从战略、文化、制度、管理、市场、技术等不同维度是如何构建企业创新生态系统的，每个系统成员之间存在着怎样的一种联系，即核心企业视角的企业创新生态系统组成生态位。

核心企业处于企业创新生态系统的领导地位，对系统的构建以及合作伙伴的选择有一定的决定作用。已有的研究基于不同的研究视角提出不同的系统治理方法和过程，但多数是将企业作为一个个体，去整体性地分析其与合作伙伴之间的关系冲突管理，很少涉及企业非技术创新体系是如何影响核心企业构建企业创新生态系统以及核心企业与系统成员之间的关系管理等相关问题，即使有的学者从冲突管理、沟通管理、企业文化、市场定位等非技术角度阐述上述问题，但没有全面地、整体性地分析企业的战略、文化、制度、管理、组织、市场之间的相互作用。因此，在已有研究结论的基础上，本文试图去探索在核心企业与系统内部成员之间的关系管理过程中，企业的非技术创新体系是如何影响其关系管理的。

（四）企业非技术创新支撑体系

根据已有研究，本文基于海尔集团一手、二手资料的搜集和分析，将调研资料根据企业非技术创新的不同方面进行分类和编码，即海尔集团的战略、管理、文化、制度、组织、市场，探索海尔集团非技术创新体系是如何支撑其技术创新生态体系的。具体详见表3。

表3　海尔企业非技术创新体系编码表

数据编码〔数据分类〕	典型援引（概念编码）	条目	构念结构	理论结构
战略	用户想要最小副作用、对人体无害的热水器（A1） 用户抱怨制冷产品费电、噪声大（B1） 针对空调，"空调病"是用户的最大痛点（F1）	22	用户导向	战略统领
	产品研发和设计过程中，不断与用户进行交互（F1）	24	用户交互	
	集团鼓励我们研发具有颠覆性的技术和产品（B1）	2	集团战略	
管理	我们团队都是按单聚散，我们每个人都拥有不同特长，彼此之间优势互补，组建一个核心竞争力强的团队，根据不同的项目组建不同的团队，员工之间形成一种竞争的氛围，让每个人都争取更多的项目，创造更多的价值（C1）	26	"人单合一"管理模式	管理基础

续表

数据编码\数据分类	典型援引（概念编码）	条目	构念结构	理论结构
文化	很多企业选择兼并技术资源方，但是我们认为这样不利于资源方的成长与发展，我们实施开放式创新，希望他们自身成长，保留自身的创新之源，我们为其提供所需资源和平台（C1）	10	开放式创新理念	文化先导
	HOPE 平台起到了关键作用，可以找到全球范围内的资源，并且可以发布创新需求和最新技术，快速实现技术与资源的匹配，加速产品创新流程（B1）	28		
	海尔要把我们每位员工都培养成全能型人才。我作为一个工科毕业生在海尔工作，不仅仅要发挥我的工科优势，还要锻炼其他方面的能力，我要直接去面对自己的客户，面对市场，和不同类型的人去沟通，我觉得自己已经成为一个全能型的人才（C1）	24	人人都是CEO	
制度	海尔集团内部逐步实施用户倒逼体制，即每位员工直面自己的用户，从企业内部经营体到外部供应商的全流程倒逼（D1）	26	倒逼体制	制度动力
组织	通过"小微"公司制，让一线员工根据市场和用户需求来自主经营，加速了产品整个创新流程（C1）	25	扁平化组织结构	组织保障
市场	我们集团有自己的定制化工场，如沈阳、郑州等，他们为用户提供定制化服务，让用户在家里就可以随时看到自己所订购产品的生产进度以及物流信息，保证用户在家里以最快的速度收到满意的产品（F2）	13	个性化定制	市场途径

核心企业的非技术创新体系是企业创新生态系统的重要组成部分，是企业创新生态系统健康运行的有力保障，是企业创新生态系统运行的配合者。海尔企业非技术创新体系主要包括战略创新、管理创新、制度创新、文化创新、市场创新，它们如同自然生态系统中的雨水、肥料一般，与技术创新生态系统中物质能量的流动完美配合，支撑技术创新体系的构建和发展，不断为技术创新生态系统提供必不可少的养分。结合已有研究，本文从以下几点总结海尔企业非技术创新体系的生态网（如图3所示）。

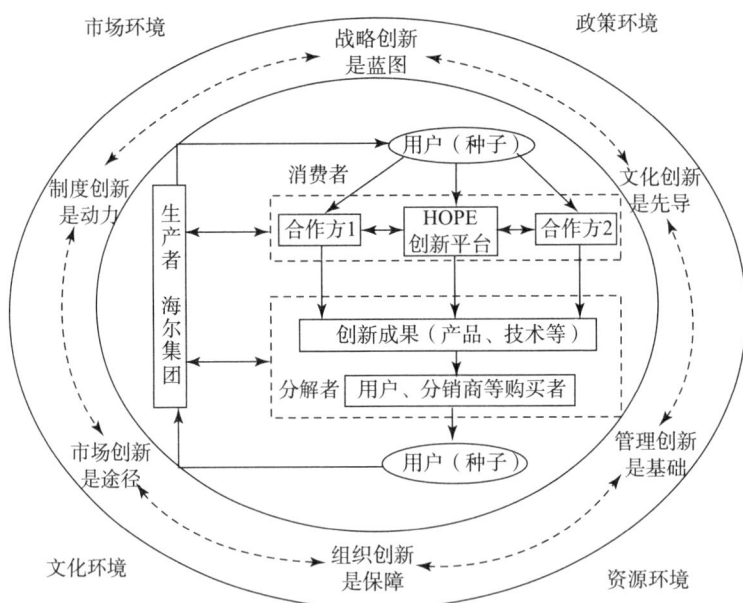

图3　海尔企业非技术创新生态系统生态网

（1）战略创新是蓝图

非技术创新支撑体系的关键是战略创新的统领。核心企业的战略创新为企业的整体性发展指明方向，即要为用户创造哪些价值；战略创新也为企业的持续性发展规划路径，即如何为用户创造价值。战略创新是企业创新发展的方向，是企业未来发展的蓝图，它能够为企业的创新活动提供整体性指导和规划，为企业技术创新和非技术创新的发展指明方向。

（2）管理创新是基础

企业的创新绩效与企业管理有着直接的关联，企业的管理要审时度势，需要随着企业外部创新环境和企业内部创新活动的变动而进行创新，保障企业战略、文化、组织、制度以及技术创新之间的相互依托和相互演化。

（3）文化创新是先导

基于创新思想的产生、创新活动的过程到创新成果的商业化各个方面都渗透着创新文化，企业的创新型文化为企业员工的创新行为和特征创造良好的氛围和环境。研究表明，创新文化对组织绩效具有正向的支持作用。企业文化是企业发展的灵魂，是推动企业发展的不竭动力，因此，文化的创新对企业创新生态系统的构建和运行具有先导性的作用。

（4）制度创新是动力

创新文化得以运行，必须有一定的制度体系作为保障。企业的制度创新行为可以引导、支持和保护企业的技术创新行为。制度创新与技术创新通过不同维度的彼此嵌入，直接产生黏合效应，成为企业可持续性发展动力形成的关键环节。

（5）组织创新是保障

企业的组织创新是比较复杂的管理系统，涉及企业内部多种变化中的要素和要素组合，其本质是企业组织层面上一种新的方法或方式的运用，这种变化或变革之后状态与之前状态相比具有明显的新颖性或得到明显的改善。信息化时代，知识资本愈发凸显，如何将企业内部的人力、物力、财力等资源进行最优的配置是当今企业发展的重要影响因素。

（6）市场创新是途径

企业进行不同维度的创新，其最终目的是实现创新产品的商业化，可见，市场创新是企业技术创新生态系统构建和运行的途径，与企业的整体发展绩效有着直接的关系。互联网经济的到来，对企业的市场发展既是机遇也是挑战，如何打破传统经济的市场枷锁，突破互联网经济带来的市场黑箱，已经成为企业发展的重要影响因素。

四、基于创新理念的孵化器孵化服务优化

优化理论是一门实践性很强的学科。所谓最优化问题，一般是指按照给定的标准在某些约束条件下选取最优的解集，被广泛地应用于生产管理、科学试验等领域，而在服务领域非数据化应用则鲜有涉及。

国内孵化器的服务水平不高，孵化器绩效难以提高的情况主要是由于孵化服务的供给本身存在主观性，对于在孵企业而言孵化服务成为可有可无的"鸡肋"。孵化流程的低效造成孵化服务难以有效地供给。孵化服务规范性不足，难以建立服务标准，个别流程解决了并不表示整体的孵化服务能力就提高了，因此有必要全盘考虑孵化器孵化服务的标准体系加强服务的规范性。

如图4所示，是北京某孵化器关于孵化服务优化的基本构想，使用的方法是孵化服务内容的重新架构、孵化服务流程优化、基于企业标准的孵化服务标准化体系建设，目是能够通过孵化服务优化全面提升孵化服务水平，提高孵化器的绩效，并且能够规范孵化服务，从而达到优化目的。

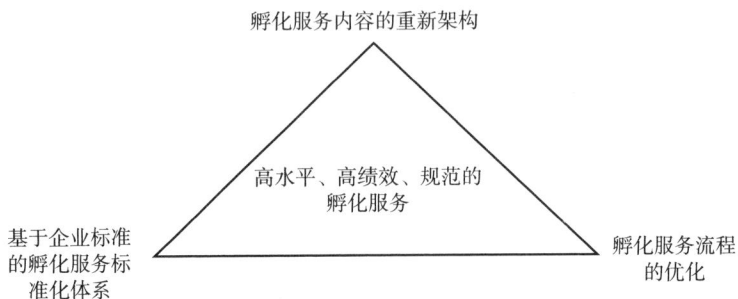

图 4　孵化器孵化服务优化构想

（一）孵化服务内容重构

我们所研究的孵化器是需要在原有基础上，重新界定孵化段，只有明确了孵化段，形成了起止时间，才能根据在孵企业发展的不同阶段，提供适应阶段的孵化服务。

孵化器需要明确孵化段，只有明确了孵化段，才能明确帮助在孵企业进行成长到什么阶段孵化器的工作就算结束。

孵化段的三段标准是微型企业达到小型企业，小规模纳税人到一般纳税人，普通科技企业到国家级高新技术企业。这是国家对于小微企业需要的成长性的测量标准。

孵化获利段还可以从企业收益情况，划分为被投资企业和可获利企业，或者叫未来利润不全享受企业和未来利润全享受企业。此时孵化段为商业潜在价值段和商业即期价值段。

孵化加速段还可以从股权角度情况，划分为项目企业和半公众企业（新三板）或全公众企业（上市）。

研究结果表明，需要对我们所研究的孵化器提供的孵化服务内容，根据在孵企业的需求重新架构，孵化段的孵化服务内容可分为三类，即基础服务、成长服务、增值服务。

1. 基础服务分类

基础服务的基本模型为：一个人或一个团队尚未成立公司，有了一些技术，或仅有商业想法入孵时需要提供什么服务能够使其完成孵化段。基础服务内容包括入孵评价、孵化场地使用、工商事务、税务事务及银行事务（见表4）。

表4　我们所研究的孵化器基础服务内容

我们所研究的孵化器基础服务内容			
服务内容	具体项目	实施部门	对应规范文件
入孵评价	团队评价	孵化服务技术委员会	入孵团队评价细则
	项目评价	孵化服务技术委员会	入孵项目评价细则
	产品评价	孵化服务技术委员会	在孵企业产品评价细则
	商业模式评价	孵化服务技术委员会	商业模式评估规范
孵化场地	租用场地	物业部	租房协议
	租用工位	物业部	集中办公区租房协议
	租用房号	物业部	租房协议＋声明
	虚拟孵化	孵化服务部	虚拟孵化规范

续表

服务内容	具体项目	实施部门	对应规范文件
工商	工商注册	孵化业务部	工商注册流程规范
	工商年报	孵化业务部	在孵企业年报通知书
	企业核名	孵化业务部	在孵企业核名流程
	印鉴	孵化业务部	在孵企业印鉴委托书
税务	国税报到	孵化业务部	国税报到流程规范
	地税报到	孵化业务部	地税报到流程规范
	税控申请	孵化业务部	在孵企业税控机申请流程规范
	发票购买	孵化业务部	在孵企业发票购买委托书
银行	基本户开户	孵化业务部	在孵企业银行开户委托书
	一般户开户	孵化业务部	在孵企业银行开户委托书
	银行对账	财务部	在孵企业开户行对账委托书

入孵评价是用于测定企业是否能够完成孵化段以及孵化过程难易程度，主要考量的是团队规模及层次、技术成熟度、商业计划。

孵化场地使用包括提供办公场所、工位、房号及无场地仅通过网络的虚拟孵化。

工商、税务、银行事项办理包括工商主要流程是核名、办理手续、证照章、基本户银行开户、国地税报到、国地税三方协议、国地税税控申请、发票领取等内容。

由表5可知我们所研究的孵化器按照服务的内容划分的层次，服务对应的部门，以及对应的规范性文件。

2. 成长服务分类

成长服务的基本模型为：已经成立公司，并且取得了营业资格，可以开具发票收款的情况下如何提供进一步的服务。成长服务中包含财务、法律、知识产权、审计、社保、人力资源六个部分（见表5）。

表5　我们所研究的孵化器在孵企业成长服务内容

服务内容	具体项目	实施部门	对应规范文件
财务	日常记账	财务部	在孵企业记账规范
	申报个人所得税	孵化业务部	代理申报个人所得税授权书
	申报企业所得税	孵化业务部	代理申报企业所得税授权书
	财务规范宣讲	孵化服务技术委员会	财务相关政府单位下发的各类文件
	企业内部财务法规制定	法务部	在孵企业内部法律文书起草规范
法律	企业法律文件起草	法务部	在孵企业内部法律文书起草规范
	企业对外合作合同起草	法务部	在孵企业内部法律文书起草规范
	企业销售合同起草	法务部	在孵企业内部法律文书起草规范

续表

服务内容	具体项目	实施部门	对应规范文件
知识产权	企业知识产权梳理	知识产权部	知识产权相关知识点 + 知识产权梳理规范
	商标申请	知识产权部 + 孵化业务部	商标申请编制规范及流程
	实用新型专利申请	知识产权部 + 孵化业务部	实用新型专利编制规范及流程
	发明专利申请	知识产权部 + 孵化业务部	发明专利编制规范及流程
	外观专利申请	知识产权部 + 孵化业务部	外观专利编制规范及流程
	软件著作权申请	知识产权部 + 孵化业务部	软件著作权编制规范及流程
	无形资产核验	财务部 + 孵化服务部	无形资产核验标准
审计	常规审计	财务部 + 孵化业务部	在孵常规审计代理协议 + 审计政策文件
	税审	财务部 + 孵化业务部	税审理代理协议 + 审计政策文件
	专项审计	财务部 + 孵化业务部	专项审计代理协议 + 审计政策文件
社保	社保开户	孵化业务部	在孵企业公积金开户委托书
	公积金开户	孵化业务部	在孵企业社保开户委托书
	北京市工作居住证申请	孵化服务部	工作居住证办理规范 + 居住证政策文件

服务内容	具体项目	实施部门	对应规范文件
人力资源	人员招聘	孵化服务部 + 人力部	在孵企业人员招募事宜规范
	组织面试	物业部 + 孵化服务部	在孵企业人员招募场地使用规范
	参加各层次招聘会	孵化业务部 + 人力部	在孵企业参加招聘会委托书

（1）财务包括日常记账、报税、报个税、财务规范的宣讲、内部财务法规制定。

（2）法律包括所有的公司制度制定、公司对外的合作、销售等各类合同协议的制定服务。

（3）知识产权包括知识产权情况的梳理，相关的指导服务，包括商标、专利、著作权等。

（4）审计包括常规审计、税审、专项审计。

（5）社保包括社保开户、公积金开户、工作居住证。

（6）人力资源：人员招聘、组织面试、参加各层次的招聘活动。

由表6可见由于我们所研究的孵化器提供的成长服务内容中，出现了多部门合作办理，及多个适用性规范文件。

3. 增值服务分类

增值服务的基本模型为：公司已经成立，并且有了完整的经营模式并且已经开始有了收入，可开始进一步服务。增值服务包括税务、法律、知识产权、人才引进、技术精细化、工商、税务、银行、政策资金申报、投融资对接、联盟、标准化、人才、咨询、毕业共16个部分（见表6）。

表6　我们所研究的孵化器在孵企业增值服务内容

服务内容	具体项目	实施部门	对应规范文件
税务	税务规划	孵化技术委员会+财务部+孵化服务部	在孵企业税务规划要点+税务政策
	减免税政策落实	服务部+孵化业务部	税务政策+政策性减税办理流程
法律	进一步规范在孵企业法律文件	法务部	在孵企业内部法律文书起草规范
	提供法律手段维护在孵企业权益	法务部+孵化业务部	各类法律、法规
知识产权	知识产权体系化	孵化技术委员会+知识产权部+孵化服务部	各类知识产权相关文件
	知识产权PCT国外专利申请	知识产权部+孵化业务部	国外知识产权相关文件+国外知识产权申请流程规范
人才引进	院士工作站	孵化技术委员会+孵化服务部+物业部	院士工作站管理政府规定
	博士后工作站	孵化技术委员会+孵化服务部+物业部	博士后工作站相关规定

服务内容	具体项目	实施部门	对应规范文件
人才引进	海外人才引进	孵化服务部＋孵化业务部	中关村管委会相关规定
	海归落户	孵化服务部＋孵化业务部	海淀园管委会相关规定＋派出所管理规定
	外国专家来华	孵化服务部＋孵化业务部	海淀园管委会相关规定＋派出所相关规定
技术精细化	开放实验室	孵化技术委员会＋孵化服务部＋物业部	中关村开放实验室相关规定
	工程中心	孵化技术委员会＋孵化服务部＋物业部	北京市工程中心相关规定
	技术中心	孵化技术委员会＋孵化服务部＋物业部	北京市技术中心相关规定
	国家级实验室	孵化技术委员会＋孵化服务部＋物业部	科技部国家级实验室管理相关规定
工商	股权变更	孵化服务部＋资本部	在孵企业股权变更原则
	公司性质变更	孵化服务部＋孵化业务部	工商注册流程规范＋北京市工商局工商登记要求
	实缴注册资金	孵化服务部＋财务部＋孵化业务部	北京市工商局登记要求＋在孵企业实缴注册资金基本户及一般户处理方法

服务内容	具体项目	实施部门	对应规范文件
税务	一般纳税人升级	财务部 + 孵化业务部	在孵企业一般纳税人办理注意事项 + 税务政策
	一般纳税人税所变更	财务部 + 孵化业务部	在孵企业一般纳税人办理注意事项 + 税务政策
	发票系统升级	孵化业务部	在孵企业发票系统升级委托协议
银行	贷款	财务部 + 孵化服务部 + 孵化业务部	在孵企业贷款注意事项 + 在孵企业贷款流程 + 银行相关规定
	承兑汇票	财务部 + 孵化业务部	在孵企业办理承兑汇票协议 + 银行相关规定
	理财	孵化服务部	银行相关规定
政策资金申报	地方性政策补贴	孵化服务部 + 财务部	政策性资金申报说明书 + 地方政策
	地方性融资	孵化服务部 + 财务部	政策性资金申报说明书 + 地方政策
	国家性政策补贴	孵化技术委员会 + 孵化服务部 + 财务部	政策性资金申报说明书 + 国家政策
	国家性融资	孵化服务部 + 财务部	政策性资金申报说明书 + 国家政策
	行业性补贴	孵化技术委员会 + 孵化服务部 + 财务部	政策性资金申报说明书 + 行业政策
	行业性融资	孵化服务部 + 财务部	政策性资金申报说明书 + 行业政策
	专项资金申报	孵化技术委员会 + 孵化服务部 + 财务部	政策性资金申报说明书 + 政府下发的临时性政策

服务内容	具体项目	实施部门	对应规范文件
奖项申报	政府级奖项申报	孵化技术委员会+孵化服务部	政府级奖项申报要领+政府奖励说明文件
	社会力量设奖	孵化服务部+孵化业务部	社会力量设奖申报流程+说明文件
	商业奖项	孵化业务部	商业奖项申报流程+商业奖项说明性文件
投融资对接	天使投资	孵化技术委员会+孵化服务部+资本部	在孵企业天使投资阶段知识点汇总
	风险投资	孵化技术委员会+孵化服务部+资本部	在孵企业风险投资VC阶段知识点汇总
	股权投资	孵化技术委员会+孵化服务部+资本部	在孵企业股权投资阶段知识点汇总
	路演	资本部+物业部	路演场地使用规范+路演厅使用设备及保养要求
	商业计划指导	孵化技术委员会+资本部	商业计划书BP编写规范及要求
联盟	成立行业联盟	孵化技术委员会+孵化服务部	政府相关规定
	加入行业联盟	孵化业务部	政府相关规定
标准化	标准化体系编写	孵化技术委员会	标准化体系编写规范+质监局相关文件+国标委相关文件
	企业标准编写	孵化技术委员会	企业标准编写规范+质监局相关文件+国标委相关文件

续表

服务内容	具体项目	实施部门	对应规范文件
标准化	团体标准编写	孵化技术委员会	团体标准编写规范＋质监局相关文件＋国标委相关文件
	国家标准编写	孵化技术委员会	国家标准编写规范＋质监局相关文件＋国标委相关文件
	国际标准编写	孵化技术委员会	ISO标准编写规范＋质监局相关文件＋国标委相关文件＋ISO相关文件
人才工程	高端人才工程	孵化服务部	高端人才工程相关文件
	领军人才工程	孵化服务部	高端人才工程相关文件
咨询	管理咨询	孵化服务部＋外部资源	管理学相关书籍
	运营咨询	孵化服务部＋外部资源	初创企业运营相关书籍
毕业	向其他加速器输出	孵化技术委员会	加速器政策
	向地方科技园区输出	孵化技术委员会	地方园区政策

（1）税务包括税务规划、节减税政策落实等。

（2）法律包括进一步规范公司文件、提供法律手段维护自身企业权益等。

（3）知识产权包括知识产权的体系化、知识产权的PCT国外专利的申请等。

（4）人才引进包括院士工作站建立、博士后工作站建立、海归人才的引进、海归落户政策、外国专家来华等。

（5）技术精细化包括建立开放实验室、工程中心、技术中心、国家级实验室等。

（6）工商包括股权变更、公司性质变更、实缴注册资金等。

（7）税务包括一般纳税人的升级准备、一般纳税人的税所变迁、发票系统升级等。

（8）银行包括贷款、承兑汇票、理财等。

（9）资金申报包括地方性政策补贴、地方性融资、国家性政策补贴、国家性融资、行业性融资及补贴、专项资金申报等。

（10）奖项申报包括政府级奖项、社会力量设奖、商业奖项等。

（11）投融资对接包括天使投资、风险投资（VC）、股权投资（PE）、路演、商业计划书指导等。

（12）联盟包括成立行业联盟、加入行业联盟等。

（13）标准化包括标准的体系编写、企业标准编写、团体标准编写、国家标准编写、国际标准编写等。

（14）人才工程包括高端人才工程、领军人才工程等。

（15）咨询服务：管理咨询、运营咨询等。

（16）毕业服务：向其他加速器输出、向地方科技园区输出等。

由表7可见，我们所研究的孵化器提供的增值服务中，不仅出现了多部门联合还出现了外部资源的介入，对应文件上出现了内部文件和外部文件混合作为行动规范的情况，服务内容中出现了很多弹性内容。

（二）孵化流程优化实践

以色列物理学家高德拉特（Eliyahu M. Goldratt）博士创立 TOC（Theory of Constraints）理论，中文译为瓶颈理论，又称约束理论。其核心观点立足于企业系统，通过聚焦于制约因素的改善，达到系统各环节同步、整体优化的目标。

TOC 理论认为，任何系统至少存在着一个制约因素，否则它就可能有无限的产出。因此要提高一个系统（任何企业或组织均可视为一个系统）的产出，必须要打破系统的瓶颈。任何系统可以想象成由一连串的环所构成，环与环相扣，这个系统的强度就取决于其最薄弱的一环，而不是其最强的一环。

相同的道理，我们所研究的孵化器也可以将每一项孵化服务的孵化流程视为一个链条，每一个环节是这个链条其中的一环。如果想提高孵化流程的效率就必须找到最薄弱的瓶颈并能够通过行之有效的手段打破，才可以使孵化流程显著改善，达到优化效果。

我们对所研究的孵化器提供的孵化服务中工商注册服务的流程进行了分析，发现其耗费人力、浪费时间、收入产出不成比例且甚至是重复劳动。

1. DBR 方法对孵化服务流程改造

DBR（Drum – Buffer – Rope）是 TOC 中的一种方法，中文称为"鼓缓冲绳子法"。鼓是指生产系统中的控制点。如果系统中存在瓶颈，那么瓶颈就是最好的控制点。

在我们所研究的孵化器孵化服务工商注册项目中服务流程中断的点就可以视为"鼓"。工商局网站反馈核名结果、提交工商局办事大厅审批、进行工商系统内部系统审核为三个控制点，但是工商内部系统审核虽然是一个制约因素，但是却无法解决，属于工商系统内部管理问题，孵化器不能参与亦不属于服务能力问题。属于工商部门的内部管理规范问题，不属于我们改进的内容。工商局网站反馈核名结果、提交工商局办事大厅审批这两个环节确实是可以看作"鼓"的。

缓冲器是指在瓶颈前面设置的缓冲库存。缓冲器是一种时间缓冲，其目的是希望生产过程总有工作要做，至于何种产品正在被加工并不重要。对于孵化服务的流程中，孵化器的服务人员就类似于生产线上的工人，不能没有事做，如果在服务流程中，由于需要等待时间，基本相关人员就是在等待结果，考虑孵化器的运行如同一架高速运转的机器，在孵企业入孵就如生产线一样，因此当流程中处于缓冲器状态的节点，则必须找出来加以改进。

绳子是指将瓶颈已加工的情况传递给上游作业的信息的传

递，其目的是为了按需生产，以避免库存增加。作为信息传递的绳子既可以是正式的，也可以是非正式的。我们所研究的孵化器以往在此环节中没有设置信息反馈机制，也就是没有"绳子"，所以就导致在发生瓶颈后流程被阻断，只会通过每天的工作总结反映出来。这些信息严重滞后，导致整个流程速度变慢，也没有紧急处理的能力。在孵化流程改造过程中，孵化器充分认识到此问题，要求入孵企业提交核名信息后，服务人员立即响应并且直接通过北京市工商局下设北京企业信用信息网进行查询，虽然不能做到100%的核准率，但大大降低了重复劳动的可能性。并在此查询基础上增加了对商标系统的查询，以保证未来企业核名后，却在商标上无法保护自身权益而造成风险。入孵企业工商注册时提交的主营业务范围、经营范围、公司章程孵化器工作人员是不进行审核的，在窗口提交时被退回的情况并不少见。孵化器的服务人员在工商局大厅办事窗口办理提交相关资料时，应及时与工商局工作人员进行沟通，防止注册失败。而且各工商局在不同事情上均有一些特殊规定，而这些特殊规定并不能及时传递到每个企业，因此做到信息畅通可以降低工商局向孵化器所在工商所下登管单的可能性。改进流程的目的是孵化器工作人员在完成窗口提交，就可视为工商登记手续完成，可继续进行孵化器其他流程的工作。

在TOC理念下DBR方法的引入就是讲信息及时向上传递，降低流程时间，消除阻碍，达到质量、效率最优。对我们所研究的孵化器而言，孵化服务的质量提高就意味着服务能力的上升。

2. 孵化服务流程优化效果

通过 TOC 理论将我们所研究的孵化器孵化服务中工商注册服务流程中的阻断进行识别，引入 DBR 的方法使工商注册服务流程得到明显改善（见图 5）。

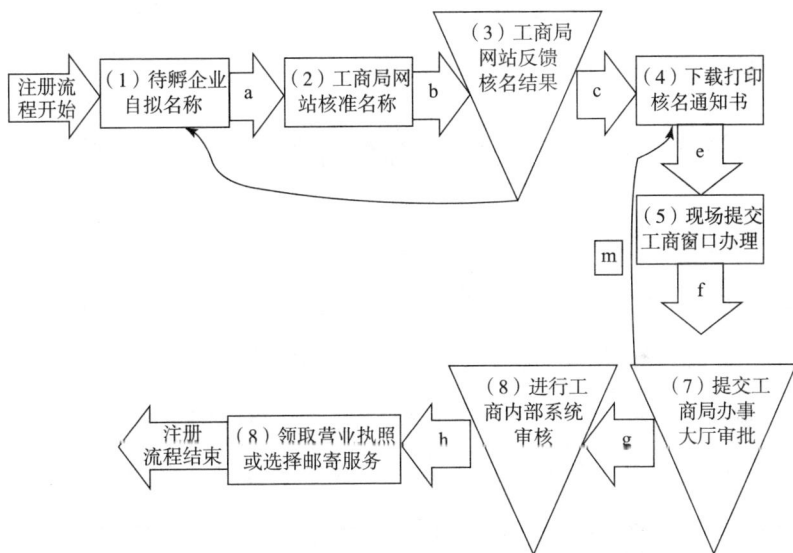

图 5　孵化服务——工商注册服务流程改进分解图

如图 5 所示，我们所研究的孵化器孵化服务中工商注册服务流程分解为 8 个部分：（1）待孵企业或入孵企业自拟需要核准的名称；（2）工商局网站进行名称核准；（3）工商局网站反馈核名结果；（4）下载打印《核名通知书》；（5）现场提交窗口检核；（6）提交工商局办事大厅审批；（7）进行工商系统内部系统审核；（8）领取营业执照或选择邮递服务。

整个优化过程中，虽然没有改变工商局行政审批这一固定时间，但是从内部上由于充分考虑了人为形成信息阻断，效率变差的问题得到了有效改善。改造前有 11 个模块，改造后变为了 8 个，原有的中间过程由 13 段变为 9 段。整个流程时间上由原来的 14～35 天，变为了 7～13 天。大大节省了时间成本、人力成本，提高了孵化器的综合绩效。

（三）创新型孵化器孵化标准化体系的建设

波兰学者沃吉茨基于 1960 年首先提出了标准三维空间概念，印度学者魏尔曼、英国学者桑德斯对此均做了进一步的阐述。根据三维空间理论，三个属性要素既保持相对独立，又保持紧密联系，(X, Y, Z) 坐标决定一个点对应标准体系中的一个子体系（或标准）。在每一维结构中又可进一步细化分类，提升了结构的空间，进而扩展了标准体系的存储容量。根据三维空间理论架构的标准体系结构，其属性空间良好的延展性为标准的未来发展预留了广阔的发展空间，实现了标准框架建设的科学性、先进性和可持续性的要求。

图 6 中三个互相垂直的坐标轴表示"标准三维属性空间"（Standardization Space），X 轴表示标准领域及范围；Y 轴表示标准的内容，它是指标准化领域组成标准时所必须满足的需要或

条件；Z 轴表示标准的级别，标准可以用不同的级别颁布。

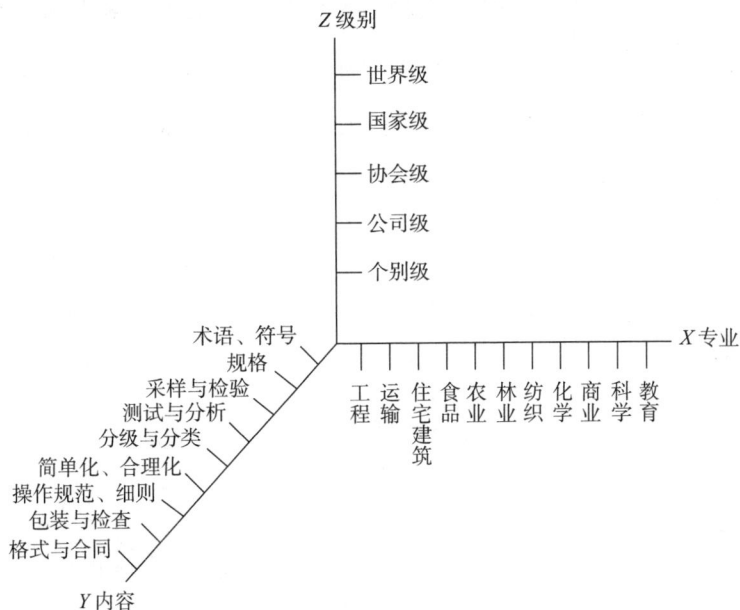

图 6   标准三维属性空间

我们根据标准三维属性空间建立标准体系的方式，结合自身原有规范化体系、原有的相关服务规范性文件进行了梳理，并根据在孵企业的需求新增了一些相应规范文件，最终形成一套适合该孵化器的孵化服务企业级标准体系，用于优化孵化服务。

1. 孵化器孵化服务标准体系三维空间框架

孵化器作为创新创业服务载体，其服务对象是初创的小微企业，为不限制孵化服务对象的类型，通过对服务性行业服务标准体系建设的经验研究，针对我们所研究的孵化器的特点，根据标准三维空间理论要求建立孵化服务企业级标准体系。借鉴李春田在《标准化概论》一书中关于标准分类的方法，提出由层级标准、流程标准、服务标准构成的孵化器孵化服务标准体系三维空间框架结构（如图7）。

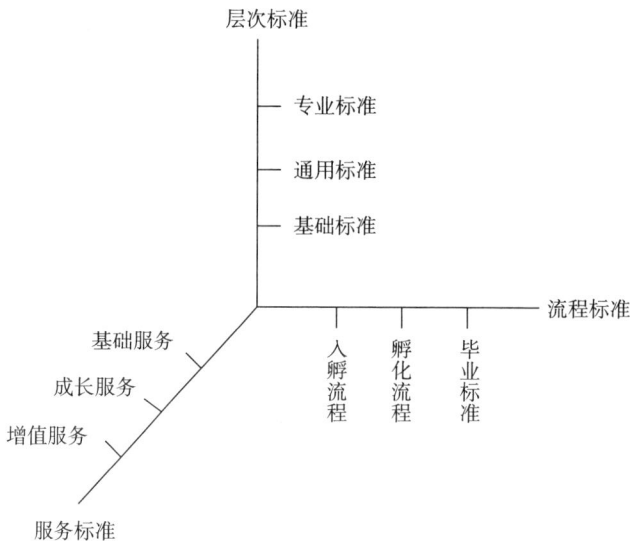

图7　孵化器孵化服务标准体系三维空间结构图

2. 孵化器孵化服务标准体系内容

孵化器面向在孵企业服务标准体系由服务标准、流程标准和层次标准构成，具体标准内容如下：

（1）服务标准

孵化器是以向在孵企业提供有偿孵化服务的盈利性创业服务载体，其核心功能是通过提供综合性、全方位的孵化服务，加速创业企业发展的进程，因此服务标准应体现其创业服务特色，并成为其区别于其他科技中介服务机构的显著特点。根据服务特点，将服务标准划分为基础服务标准、成长服务标准、增值服务标准（如图8）。

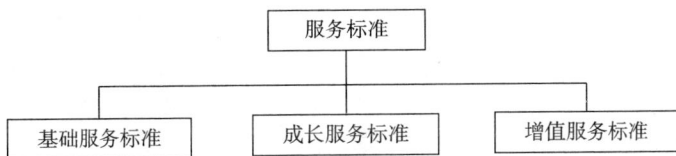

图8　孵化器服务标准框架

a. 基础服务标准

孵化器具有明显的培养在孵企业尽早毕业的特点，但在孵企业由于是初创公司面临很多的行政事务性工作的困扰，因此基础服务标准中需要充分考虑在孵企业怕麻烦、不愿意跟行政部门打交道的特点，将行政事务性工作纳入基础服务标准中。基础服务包括五个方面内容：入孵评价标准、孵化场地租用标准、工商事务服务标准、税务事务服务标准、银行事务服务标准（见表7）。

表 7　基础服务标准

服务标准级别	服务标准	对应文件
基础服务 标准	入孵评价标准	入孵团队评价细则
		入孵项目评价细则
		在孵企业产品评价细则
		商业模式评估规范
	孵化场地租用 标准	办公场所租赁规范
		集中办公区租赁工位规范
		房号租赁规范
		虚拟孵化规范
		路演场地使用规范
		路演厅使用设备及保养规范
		会议室使用规范
		接待室使用规范
	工商事务服务 标准	工商注册服务规范
		在孵企业年报规定
		在孵企业核名规范
		在孵企业印鉴制作规范
		在孵企业股权变更规定
		工商注册变更规范
		在孵企业实缴注册资金管理规定
	税务事务服务 标准	国税报到规定
		地税报到规定
		在孵企业税控机申请规定
		在孵企业发票购买规定
		在孵企业税务规划规范
		在孵企业减免税办理规范
	银行事务标准	在孵企业银行开户办理规范
		在孵企业开户行对账办理规范
		在孵企业贷款服务规范
		在孵企业承兑汇票办理规范

b. 成长服务标准

孵化器为在孵企业提供孵化服务，主要是为了降低企业创业初期的运营成本，提升共享资源的利用效率。主要包括财务服务标准、法律服务标准、知识产权服务标准、审计服务标准、社保服务标准、人力资源服务标准（见表8）。

表8 成长服务标准

服务标准级别	服务标准	对应文件
成长服务标准	财务服务标准	在孵企业记账规范
		代理申报个人所得税规定
		代理申报企业所得税规定
		财务政策咨询服务规范
	法律服务标准	在孵企业财务法律文书起草规范
		在孵企业对外合作法律文书起草规范
		在孵企业销售合同文书起草规范
		在孵企业其他内部法律文书起草规范
	知识产权服务标准	知识产权梳理规范
		商标申请编制规范及流程
		实用新型专利编制规范及流程
		发明专利编制规范及流程
		外观专利编制规范及流程
		软件著作权编制规范及流程
		无形资产核验标准
		国外知识产权申请白皮书

服务标准级别	服务标准	对应文件
成长服务标准	审计服务标准	常规审计服务规范
		税审服务规范
		专项审计服务规定
	社保服务标准	社保开户服务规范
		公积金开户服务规范
		北京市工作居住证申请规定
		北京市户口申请规范
	人力资源服务标准	在孵企业人员招募事宜规范
		在孵企业人员招募场地使用规定
		在孵企业参加招聘会服务规范

c. 增值服务标准

孵化器通过开展辅导、咨询、投融资、企业管理、人力引进等方面的服务，进一步降低在孵企业创业风险和创业成本，提高了企业的成活率和成长性。增值服务标准是孵化服务标准的核心内容，体现了我们所研究的孵化器服务的特色，是该孵化器有别于其他孵化器的关键所在。增值服务标准主要包括企业资质提升服务标准、政策资金申报服务标准、奖项申报服务标准、投融资对接服务标准、标准化撰写服务标准、人才引进服务标准、技术精细化服务标准（见表9）。

表9　增值服务标准

服务标准级别	服务标准	对应文件
增值服务标准	企业资质提升服务标准	中关村高新技术企业认定服务规定
		国家级高新技术企业认定服务规定
		设计企业认定服务规定
		文创企业认定服务规定
	政策资金申报服务标准	地方性政策补贴申请服务规范
		地方融资申请服务规范
		国家性政策补贴申请服务规范
		国家性融资申请服务规范
		行业性补贴申请服务规范
		行业性融资申请服务规范
		专项资金申报申请服务规范
	奖项申报服务标准	政府级奖项申报服务规范
		社会力量设奖申请服务规范
		商业奖项申请服务规范
	投融资对接服务标准	大使投资服务规范
		风险投资服务规范
		股权投资服务规范
		路演服务规范
		商业计划指导服务规范
	标准化撰写服务标准	标准化体系编写服务规定
		企业标准编写服务规定
		团体标准编写服务规定
		国家标准编写服务规定
		国际标准编写服务规定

服务标准级别	服务标准	对应文件
增值服务标准	人才引进服务标准	高端人才工程申请服务规范
		领军人才工程申请服务规范
		海聚计划申请服务规范
		展翼计划申请服务规范
		海鹰计划申请服务规范
		高聚工程申请服务规范
		青年科技先进工作者申请服务规范
	技术精细化服务标准	开放实验室申请服务规范
		工程中心申请服务规范
		技术中心申请服务规范
		国家级实验室申请服务规范

（2）流程标准

流程标准是针对孵化器面向在孵企业提供的孵化服务过程而提出。根据待孵企业或在孵企业进入孵化器的时间先后顺序，流程标准分为：入孵流程标准、孵化流程标准、毕业流程标准（如图9）。

图9 孵化器孵化服务流程框架

a. 入孵流程标准

该标准主要是针对微型初创企业的入孵过程提出具体管理要求，主要包括入孵流程、入孵企业条件测试，如图 10 所示。

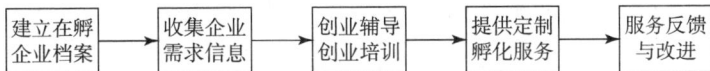

图 10　我们所研究的孵化器入孵流程图

入孵企业基本条件内容包括企业产权明晰，有独立法人地位；企业从事研发、设计、文化创意产业，应符合国家战略性新兴产业的发展导向，知识产权界定清晰；企业团队具有开拓创新精神，对技术、市场、经营和管理有一定的驾驭能力；企业大专以上学历人数应占企业总人数的 80% 以上；企业成立时间不超过 24 个月，入孵前营业收入不超过 100 万元，注册资金不超过 200 万元。

b. 孵化流程标准

该标准主要是针对园区在孵企业管理及服务提出具体要求，包括孵化流程、在孵企业档案、创业管家制、创业导师制、首问负责制、企业需求服务管理规定、服务质量检查管理规定。其中，孵化流程内容如图 11 所示。

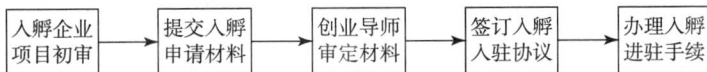

图 11　我们所研究的孵化器在孵企业孵化流程

c. 毕业流程标准

该标准主要针对我们所研究的孵化器在孵企业毕业过程，包括毕业流程、毕业企业条件、毕业企业档案、跟踪服务管理规定等。其中，毕业流程内容如图 12 所示。

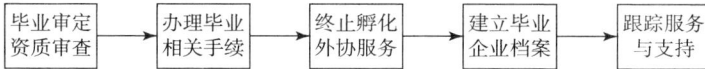

毕业审定资质审查 → 办理毕业相关手续 → 终止孵化外协服务 → 建立毕业企业档案 → 跟踪服务与支持

图 12　我们所研究的孵化器在孵企业毕业流程

孵化器毕业企业条件包括毕业企业必须拥有自主知识产权包含发明专利、实用专利、软件著作权等，连续两年营业收入累计超过 1 000 万元并上缴所得税，取得国家级高新技术企业认定，被天使、VC 投资，在场外市场挂牌，在国内外资本市场上市。

（3）层级标准

孵化服务标准体系中的层级标准，主要用于加大标准体系容量，分为基础标准、通用标准、专业标准。但目前孵化器中在孵企业的类别及数量以及整体需要的服务尚未达到使用层级标准的阶段。但对我们所研究的孵化器的孵化模板企业，北京中科赛博信息技术有限公司这类从孵化器毕业的企业，其所需要孵化服务确实达到了层级标准。必须由孵化器提供专业标准的层次，因此设立层级标准可以将孵化段中的顶级企业纳入其中，从而形成完整的孵化器孵化服务标准体系。

结　　语

作为孵化器的运营者，我们对于孵化器的运营和创业者及团队均有深入的研究，这种研究有助于孵化器的良好发展。自双创以来，孵化器如雨后春笋般林立，在此过程中各孵化器都是一片鲜花掌声后的无奈和甘苦自知，这一切来源于创业机构的增加，创业者数量也在非常量级增长，以往都是一些具有明显自身特点、资源的创业者才敢于冲破阻碍来进行创业活动，达到自我价值实现的过程，但现在基本上创业者都是为创业而创业，而作为服务机构，总不能完全排斥这些盲目性很强的创业者。孵化器如何选择创业团队入驻，这里面就有一个核心问题，即创业者及创业团队的创新能力是最重要的一个标志点。2015 年我们获得北京市科委支持的课题民营科技企业孵化器入孵企业项目评价系统中，明确列出了 18 个分类方式，将创业团队及项目进行了基于数据的筛选。项目累计阶段有将近 5000 个项目，但经系统筛选，我们只留下了不到 200 个项目。

这 200 个项目中，拿到天使轮投资的有 22 个，直接 A 轮投资的有 10 个，北京股权交易中心新四板挂牌的 10 个，基本有 20% 的企业得到了有效的支持。这也说明即使有一定的创新性也未必能在创业这条路里走得顺畅。

我们通过对现在大学生创业失败率高的现状专门对大学生的创新性进行了研究，并基于海尔等大型的创新类的运作机制进行了研究，得到了一些有效的支撑信息及知识，通过对孵化器的不断改造，实现了有效地为具有创新性的创业者提供有效的孵化服务，这也是孵化器的运营及服务的创新。

以此杂言权作结语，其他问题有待以后进一步深入研究。